Whisper

How to Hear the Voice of God

神啊！讓我聽見祢

與神連線的七種密語

Mark
Batterson
馬克・貝特森
—著—
劉卉立
—譯—

各方佳評

神的聲音在你生命中是最響亮的聲音嗎？每個人都需要聽見神的聲音，才能看見真實的自己，唱出一首屬於神的生命旋律。跟著書中介紹的七個語言練習，你會發現其實一點都不難！

——**張家綺，CROSSMAN敬拜團團長、文化大學音樂系助理教授**

本書在這個時候出版，正是神回應了眾教會弟兄姊妹懇切的禱告。

新冠肺炎疫情橫行之下，許多企業受到衝擊，裁員、停工、關閉，教會也不能自由地舉辦大型實體聚會，如何能有因應之道？這本書《神啊！讓我聽見祢》的作者向我們提出了具體可行的策略與步驟。他今天的服事得到神的賜福，就是最好的明證。

書中教導我們，神透過徵兆來說話，使我們聽見他的聲音——就是七種愛的語言。能夠準確地解讀這些語言，就能夠聆聽神的聲音，明白他要在凡事上指教我們。讓我們帶著極大的渴望，為自己建立聆聽神的「密語之所」。過去臨到屬靈長輩的恩典，也要在我們身上再作一次！

——**鄭博仁，武昌教會顧問牧師、高禱屋董事長**

很少有作者像馬克牧師一樣，用文字引起讀者的興趣。他的親身經歷和對聖經的堅定信念，將會帶領你到不同的新境界，激勵你每一天都傾身聆聽神的聲音。敞開你的心，但更重要的是，打開你的耳朵，重新發現神的低聲密語，而這一位神，至今依舊向祂的百姓說話。

——布萊恩・休斯頓（Brian Houston），**新頌教會**（Hillsong Church）**創堂牧師**

如果你曾渴望聽見神的聲音，本書絕對是不可或缺的入門指南。馬克牧師在這本書裡極富個人特色的活潑文字風格，以及充滿指導與啟發的文字，使我受益良多。本書充滿實用的步驟和神的智慧，絕對是讓你愛不釋手的一本書。本書將會激勵你以一種全新的方式，向神打開你的眼睛和耳朵！

——克莉絲汀・凱恩（Christine Caine），**澳洲傳教士、演說家**

身為牧師，我最常被問到的一個問題，就是關於聆聽神的指引。馬克牧師在本書中釐清了相關的疑惑，並且指出了我們要如何與神建立更深入、更密切的關係，幫助我們減少猜測，而能更加明辨神的聲音。

——史蒂芬・佛提克（Steven Furtick），**高地教會**（Elevation Church）**牧師**

我沒有一天不會問：「主啊，我該怎麼辦？」我需要神的忠告並渴望祂的指導，所以我非常推薦這本書。願上帝使用這本書，使我的心與祂的心相接。

——**陸可鐸**（Max Lucado），**橡樹山教會**（Oak Hills Church）**牧師**

問題不在於神是否說話，而是祂要對你說什麼？馬克牧師這次要傳授讀者，如何聆聽神的聲音。

——**《出版人週刊》**（*Publishers Weekly*）

專文推薦

願神打開我們靈裡的耳朵

雷小盈

「發聲」，是今年神一直向我顯明的一個詞，神引導我好幾次在群體敬拜和禱告的時段，把一些跟「聲音」有關的領受和啟示寫下來。所以，當我受到邀請要為馬克牧師《神啊！讓我聽見祢》一書寫序時，我非常驚嘆神的作為。受寵若驚的同時，也很期待神要帶領我發掘關於祂聲音全新和更深的啟示。

八年前，我從香港到台灣讀大學，在讀大二下學期的某一天，神使用當時台上牧者的一個禱告和一個清楚的內在聲音呼召我轉學，全時間去讀先鋒性的神學課程。跟馬克牧師的經歷相近，當時我回應了祂的聲音，做了一個在學術上看起來不合邏輯的休學決定。

兩年前，神透過一個不認識我的人對我宣告了這一句話，也是一個預言：「你會寫一本書，神會因此得榮耀，這本書會成為很多人的祝福。」在那之前，神多次用低聲細語在我內心提到這件事。聽到這預言的一年後，我出版了人生的第一本書。神用一句話把埋藏在我內心多年的夢想喚醒過來。

馬克牧師分享自己聽到神的聲音、受呼召全職事奉的見證，讓我想到多次神對我說話的經歷。非常認同馬克牧師所寫的「當你愛一個人時，你會渴望聽見對方的聲音」。我們有多看重神的聲音，會影響我們做的每一個決定。而我們越跟耶穌建立真實、親密的關係，我們越能聽見、分辨祂的聲音。

這本書內容的豐富度，在於作者從科學上聲音的考證和研究，到分享他個人跟神互動的經歷，用聖經的故事、電影情節的畫面，以及歷史名人的事件及名言，從各方面來加強「神的聲音」的重要性。馬克牧師被神呼召「要為這世代來發聲」，他用驚人的閱讀量、學術的洞見及事奉的經歷，把神對這世代的啟示寫出來。期待我們每一個耶穌的跟隨者都能熟悉書中的七種神對我們說話的語言，使我們更能敏銳地分辨神的聲音。

最令我感動的，是書中提到的這兩句話：

神愛我們不是因為我們是誰，神愛我們是因為祂是誰。

的確，世界上再沒有別的神，不斷追尋我們的心、不斷對我們說話，是為了告訴我們祂有多愛我們。神渴望我們透過聽見祂，讓我們在祂的帶領之下，先求祂的國和祂的義，祂把我們放在最對的位置。

神的聲音不會是一種虛無飄渺的聲音，神的聲音使我們帶出行動去回應和順服。讀這本書，讓我更期待、渴望、喜愛聽見神的聲音！不論你是否曾經有清楚聽見神聲音的深刻經歷，相信這本書對每一位渴慕更深經歷耶穌的人來說，都能在某程度上產生共鳴，也能有實際的幫助。

願神打開我們靈裡的耳朵，願神的聲音成為我們生命中那最響亮的聲音！

（本文作者為《TheOne》作者、「ANHOP萬國禱告殿」同工）

專文推薦

開始聆聽神的旅程

廖文華

「神是你生命中那個最響亮的聲音嗎？」作者提問了很多次。這是我們常需要問自己的，好檢視自己是否仍以神說的話為中心。

聖經未被寫成之前，神用說話（祂的聲音）創造天地，並用「祂的聲音」來引導聖經中的偉人，完成他們的命定。

如同馬利亞懷耶穌的事件，神差派天使向馬利亞說話，卻用異夢向約瑟說話。神說話的方式會因每個人的性格而異。祂最渴望的是和我們建立獨一無二的關係，以及獨一無二的溝通語言。而只有在關係中，才能辨識出神的聲音。

本書歸類出神會說話的幾種方式，用實例來詮釋。具體而明確地教導神說話的方式、如何正確聆聽神的聲音，以及聆聽神的聲音時該有的態度。

對我來說，聆聽神的聲音是一個生命的歷程，我生命中幾個關鍵的時刻，都是因「神的聲音」而開始。

我在全職服事之前，有個時期非常渴望聽見神的聲音，於是我常在床前花時間等候神。剛開始時，常會因為聽不見神的聲音而睡著，直到有一天，神用祂的話回應我的等待，神用施洗約翰的經文來呼召我進入全職。

當我開始成為傳道人，我在禱告時，神告訴我西門町是年輕人最多的地方，於是開始了「夢想之家」，至今已照顧超過五千個孩子，許多年輕人因此得救。

聆聽神的聲音需要操練一輩子，分辨神的聲音需要深入，最好是能親身經歷，關鍵在於持之以恆！找到能讓你對頻、專注聆聽、且能分辨神聲音的地方。

願我們都擁有聆聽的能力，有「可聽的耳，受教的心」！

我相信，當你開始聆聽神聲音的旅程，會有意想不到的經歷等著你！

（本文作者為台北真道教會主任牧師、夢想之家教育基金會創辦人暨董事長）

目錄 CONTENT

Part 2

七種愛的語言

謹將本書獻給保羅・麥加維（Paul McGarvey），
我在牧養服事上的導師。
你在一九八四年八月的禱告，
神在二〇一六年七月二日應允了。

前言
托馬迪斯效應

耶和華啊！請說，僕人敬聽。

——撒母耳記上3章9節

半個多世紀前，法國耳鼻喉科醫生亞弗瑞德・托瑪迪斯（Alfred Tomatis）碰到了五十年醫病生涯中一個最奇特的病例。這個病人是著名的歌劇演唱家，他因為不明原因而失聲，某些在他音域內本來能輕鬆唱出的音符，現在再也唱不出來。他之前也找過其他耳鼻喉科領域的專家，但都被診斷是聲帶方面的問題。

然而，托瑪迪斯醫生卻不這麼認為。

他用聽力計做了一個測試，他發現，即使是一個普通的歌劇演唱家，也能發出一公尺距離內、一四〇分貝強度的聲音，這比一架軍用戰鬥機從航空母艦起飛的聲音還要大！在一些人的顱內，這個音量甚至會被放得更大，而長時間曝露在這樣的音量下，聽力很可能遭到損壞。他據此作出診斷：這個歌劇演唱家的耳朵被自己的聲音「震壞」了，失去部分聽力後，他也失去了部分的聲音。換句話說，如果你聽不到一個音符，就唱不出這個音符。用托瑪迪斯醫生自己的話來說，就是：「我們的嘴只能重現耳朵所聽到的聲音。」

後來，法國醫學研究院（The French Academy of Medicine）把這項發現稱為「托瑪迪斯效應」（The Tomatis Effect）。

我想，你和我一樣，都在生活中面臨著許多難題，而你解決問題的技巧或許也和我一樣，都不怎麼高明。原因可能出在我們的因應方式常常是頭痛醫頭、腳痛醫腳，也就是只治標不治本——這是一種靈性層面上的托瑪迪斯效應。在生活中遇到的各種難題，我們以為是自己的情緒、人際關係、心理或靈性方面出了問題，殊不知真正出問題的其實是我們的「聽力」。我們對神的聲音充耳不聞，而聽不到神的聲音，又會導致我們失去聲音、失去方向。

我要在本書一開始，就做這個大膽的宣告：學習如何聆聽神的聲音，是解決許許多多疑難雜症的答案！也是發現你的使命和發揮你的潛能的鎖鑰。

神的聲音是愛。

神的聲音是能力。

神的聲音是醫治。

神的聲音是智慧。

神的聲音是喜樂。

如果你覺得自己的人生走了調，有可能是因為你被負面的自我對話蒙蔽了耳朵，以致上帝插不上話！或許，你聽批評的聲音已經聽得太久了，再也聽不進任何讚美你的話。

又或許是仇敵指責的聲音影響了你，他們用謊言欺騙你，使你看不清真正的自己。如果你無法平息這些爭相冒出的負面雜音，它們最終會把你的「聽力」搞壞。當你聽不見神的聲音，也就無法唱出神的曲調了。

神的聲音是你生命中那個最響亮的聲音嗎？

那是你要先回答的問題。

如果你的答案為「否」，這就是問題癥結所在。

我們生活在一個人人都渴望自己的聲音被聽見，卻幾乎無話可說的文化中。因為我們已經長久疏於聆聽，尤其是聆聽神的聲音。其實，要讓別人聆聽我們的最好方法，就是聆聽神。為什麼？因為這會讓我們說出值得被聆聽的話。

我們每個人最終都要找到自己的聲音。而我對這個「聲音」的定義，是指神想要藉著我們生命說出的那個獨一無二的信息。但要找出我們的聲音，得從聆聽神的聲音開始。

你願意在本書一開始就做這個大膽的禱告嗎？這是一個古老的禱告。這個禱告可以改變你的人生發展方向，如同它改變了一個名叫撒母耳（撒慕爾）[1]的先知。在你開始禱告之前，我要先提出一個警告。如果你不願意聆聽神要說的每一件事情，最後會什麼都聽不到。如果你想要聽見神安慰的聲音，就必須聆聽那些祂會使你感到扎心的話語。這些話往

1 本書中的聖經名詞（章名、人名等）在全書正文首次出現時，以基督新教、天主教通用譯名對照的方式呈現，以便讀者閱讀。

往是我們最不想聽的，卻是我們最需要聽的。不過請相信我，你會想聽神要說什麼的。

你準備好了嗎？這個十字禱告可以改變你的生命：

耶和華啊！請說，僕人敬聽。

確實，這個禱告說比做容易。但如果你對這個禱告是認真的，那麼你的生命將會變得更加美好。

PART.1

低聲密語的力量

第1章

最大膽的禱告

火後有低微柔和的聲音。

——列王記上19章12節

一八八三年八月二十七日，澳洲愛麗斯泉市的牧場主和工人們聽到了像是槍砲的聲響。在橫跨全球十三分之一的其他五十個地方，都報導了這個神祕的聲音。這些澳洲人聽到的，是遠在二千二百三十三英里外的印尼喀拉喀托火山（Krakatoa）爆發的聲音！

這場火山爆發製造了三一〇分貝的驚天動地巨響，大概是史上空前，產生的聲波至少環繞了地球四次。它引發了約三千英尺高的海嘯，把石頭推到三十四英里遠的地方，遠在三百英里外的一英尺厚的混凝土也應聲碎裂。

如果你從喀拉喀托火山島鑽個地洞，穿過地心直通到地球另一側，你會發現自己置身在南美的哥倫比亞。雖然在哥倫比亞聽不到喀拉喀托火山爆發的聲音，卻可以看到當地氣壓急遽陡升，因為空氣受到次聲波（infrasonic sound waves）的強大擠壓。因此，火山爆發的聲音雖然沒有被**聽到**，但在地球的四面八方都能**感受到**。科學記者暨《紐約時報》專欄作家瑪姬．寇爾絲貝克（Maggie Koerth-Bakker）寫道：「你聽不到這個聲音，並不表示它不存在。」

低分貝聲音難以被察覺。

高分貝聲音則無法被忽視。

當聲音超過一一〇分貝，我們會感覺到血壓的變化。在一四一分貝，我們會想要嘔吐。在一四五分貝，我們的眼球會顫動而導致視力變得模糊。在一九五分貝，我們的耳膜瀕臨破裂的危險。一旦來到二〇二分貝，聲波會致人於死。

聽覺是偵測聲波所造成的耳膜振動，聲波的強度則以分貝作為測量單位。高踞聲譜第一名的聲音是抹香鯨，這種鯨魚是地球上發出最大聲響的動物。抹香鯨用來當回聲定位的聲音可以達到二〇〇分貝。更令人吃驚的是，研究人員相信鯨魚的歌聲可以在海面下傳到約一萬英里遠的地方！緊接在抹香鯨之後的分貝排序分別是：噴射引擎聲（一五〇分貝）、汽笛聲（一二九分貝）、雷鳴聲（一二〇分貝）和手提鑽聲（一〇〇分貝）。

那麼在聲譜墊底的聲音是什麼？

那是一種非常微小的聲音，只有十五分貝。

嚴格來說，我們的聽覺極限是〇分貝。換言之，〇分貝所對應的聲波是百萬分之二帕（Pascals），它所造成的耳膜振動只有10^{-8}毫米。這樣的大小不到我們周圍空氣氣壓的十億分之一，比一個氫原子的直徑還小！

我們可以把它拿來與**這個聲音**相比擬：

在耶和華面前有強烈的大風，山崩石碎，但耶和華不在風中；
風過以後有地震，但耶和華也不在地震中；
地震過後有火，耶和華也不在火中；
火後有「低微柔和的聲音」[1]。

英文標準版聖經（ESV）稱之為「低微柔和的聲音」（a low whisper）。新美國標準聖經（NASB）稱之為「輕柔吹拂」（a gentle blowing）。欽定本聖經（KJV）則稱之為「平靜而微小的聲音」（a still small voice）。[2]

發生在這個低微柔和聲音出現之前的種種大自然現象，往往會被我們所忽略，認為那不重要，因為神不在其中。但我確信它們吸引了先知以利亞（厄里亞）的注意。神當然可以發出外在巨響，也不會顧忌使用它們。然而當神想要被聽見，當祂要說的話重要到不能被忽視時，祂常常用上述這種最接近我們聽覺極限的音量向我們低聲密語。

我們當然想知道，神**為什麼**要用這種方式說話？

還有，祂會**怎麼向我們說**？

以及，**何時說**、**在哪裡說**？

這些都是我們接下來會一一探究竟和設法回答的問題。

寂靜之聲

希伯來文的「低微柔和的聲音」是*demamah*，可以翻譯為寂靜、安靜或平靜。〈寂靜之聲〉（The Sound of Silence）是搖滾樂團「賽門與葛芬柯」（Simon and Garfunkel）一九六四年的暢銷單曲，他們的演唱方式與歌名頗為貼切。這個希伯來字也用在神拯救我們脫離憂患的方式：「祂使狂風止息，海浪就平靜無聲。」[3]這節詩句預示了耶穌將會使用七個字，使風浪當場止息：「不要作聲！安靜吧！」[4]

神的低語雖然輕柔，卻大有能力，沒有任何事物能與其相比。

在我的字典裡，「低聲密語」（whisper）的定義為：「不是用聲帶而是用吹氣輕柔說話。」用吹氣而不是聲帶說話，意義深遠。那不就是神創造亞當的方式嗎？祂向塵土輕聲吹氣，給它起名叫亞當。

亞當曾是一個低聲密語。

你也是。

1 列王記上19章11–12節，引號是我加上去的。
2 編注：中譯本聖經中，《現代中文修訂版》譯為「輕柔的聲音」，《和合本》譯為「輕微細小的聲音」，《天主教思高版》譯為「輕微細弱的風聲」。
3 詩篇（聖詠集）107篇29節。
4 馬可福音（馬爾谷福音）4章39節。

萬事萬物皆然。

使用低聲密語的方式說話，通常是基於保密或維護隱私而出現的行為。沒有比輕聲細語更親密的溝通方式了。看來，神喜歡這樣做。[5]但我們還是要問：「為什麼？」放心，我不會讓你再繼續猜下去。

如果有人用非常微小的聲音和你說話，你一定要非常靠近對方聽他們在說什麼。事實上，你必須把耳朵貼近他們的嘴邊。我們傾身聆聽低聲密語，這就是神所渴望的。聆聽天父的聲音不僅是為了要聽見祂的聲音，更是為了要與天父親密相交。這是為什麼祂要向我們低聲密語。祂渴望與我們有無比親近的關係！天父是如此深愛著我們、喜歡我們。

當我的孩子還小的時候，我偶爾會捉弄他們。我會故意壓低音量小小聲說話，他們就會慢慢靠近我。我這時候就會趁機捉住他們，把他們抱在懷中。神也在跟我們玩相同的小遊戲。我們想要聽祂在說什麼，而神渴望的是我們知道祂有多麼愛我們。

章伯斯牧師（Oswald Chambers）說道：「聖靈的聲音彷彿徐徐微風，它是如此輕柔，除非你過著與神完全相交的生活，否則永遠聽不見聖靈的聲音。」面對如此溫柔的上帝，你難道不心懷感恩嗎？全能的上帝大可以發出令人驚駭的外在巨響，但祂卻用低微柔和的聲音吸引我們。而祂的低聲密語，正是我們的生命氣息。

章伯斯繼續說：「聖靈的提醒格外溫柔，如果你對祂的聲音不夠敏銳，你會消滅聖靈的聲音，你的靈命也會受損。聖靈的提醒總是以平靜而微小的聲音出現，如此細微，只有聖徒才會留意到。」

曾是一個低聲密語

這二十年來，我很榮幸有機會牧養華盛頓特區的全國社區教會（National Community Church），而我不想離開這裡，在其他地方與其他人做其他的事。我正過著活出夢想的生活，而這個夢想曾是一個低聲密語。

這個夢想的出現，可以一直追溯到明尼蘇達州亞歷山大市一處乳牛牧場，我在那裡聽到了神平靜而微小的聲音。我當時剛修完芝加哥大學的大一課程，我主修政治學、經濟學、修辭學和法律四門課，而且，我決定以法學院作為接下來專業科系的第一優先選擇。我那時正準備問神一個危險的問題：「祢要我這一生做什麼？」（當然，不問神這個問題會更危險）但在那之前，我聽到了神的聲音。

回顧過往，我把大一升大二前的那個夏天，稱為「尋求人生志向的夏天」。這是我生平第一次，對清晨早起禱告這件事認真以赴。我那樣做不僅是因為那是一個宗教儀式，而是抱著不達目的絕不罷休的堅定決心，一定要聽見神的聲音，這或許也是為什麼我最後達

---

5 列王記上19章11-13節。

成所願的原因。

在那個夏天的尾聲，我們全家正在明尼蘇達州亞歷山大市的伊達湖（Lake Ida）度假。我決定沿著伊達湖附近的泥土小徑，做一次長途行走禱告。不知道為什麼，走路可以幫助我更專注於禱告和凝神聆聽上帝。我在途中抄近路穿過一個乳牛牧場。我穿梭在牛糞堆間，突然聽到了一個聲音。該怎麼形容那個聲音呢？雖然耳朵聽不到，但我確信那是神的聲音。我站立在那兒，我當下清楚知道神正呼召我全職服事。就是那個微小的聲音促使我放棄芝加哥大學提供的全額獎學金，轉學到密蘇里州春田市的中央聖經學院（Central Bible College）。從學術角度來看，這個轉學決定完全不合理，我後來碰到許多人都對我的這項決定表示質疑，但這經常是神的低聲密語的運作方式。

那些聽不到音樂的人，總是把跳舞的人當作瘋子。

這個古老諺語當然也適用於那些聽從神的鼓聲前進的人。當你深受聖靈（聖神）的影響，你會做一些在別人眼中看為癲狂的事情。他們愛怎麼想，就由他們去吧。而你只要聽從神的低聲密語，然後看看祂會成就什麼事。

從我穿過牧場所做的那個行走禱告起，時光荏苒，我在牧養服事上已經過了二十多年。這二十年來，全國社區教會從一間不到二十五人的教會，成長為有七個會堂的教會，而每一個會堂的創立，都曾是神的一個低聲密語。過去的十年，我寫了十五本書，而每一本書都曾是神的一個低聲密語。我傳講的每一篇講道和所寫的每一本書，都是對那個在荒郊野外一處牧場所聽到的低聲密語的回應。

沒有任何一件事像神的低聲密語一樣，具有改變你的生命的潛力。你的命運取決於你對神平靜而微小的聲音的聆聽力。

你由此辨明神那良善、純全令人喜悅的旨意。

你由此看見並抓住神預定的神聖會面。

神所賜的宏大夢想由此誕生。

奇蹟也由此發生。

神的點子

在我們一生的年月中，有一些成了改變我們日後人生的轉捩點。對我而言，二〇一六年七月二日是翻轉我生命的重大關鍵時刻之一。緊接在後的，還有我結婚、生子，以及與死神擦身而過的那一天，那是我這輩子最驚悚的一天。其實，我可以正確無誤地告訴你，從那一天到今天總共過了多少天！

在我開始「移山」這個主題的一系列講道時，我也對我們的會友提出挑戰，要放膽禱告，把他們所能想到最大膽的祈求帶到神的面前。我所謂的最大膽禱告，就是你只能單單信靠神的禱告，因為在人看來那個禱告似乎不可能實現。那經常是你已經祈求了無數次卻未蒙回應的禱告，但你總是又再祈禱一次。我當時的最大膽禱告，是神會醫治我的氣喘。它之所以大膽，是因為那時候氣喘是我所知的最大切身之痛。

我最早的兒時記憶是我半夜氣喘發作，然後被緊急送往急診室，醫生給我打了一針腎上腺素。這樣的事情後來三不五時就會發生，已經變成了家常便飯，次數多到我都記不清了。有四十年的時間，我幾乎沒有一天無法不靠舒瑞寧吸入器生活，我無論去哪裡一定是隨身攜帶，從來沒有一次例外。因此，我做了這個最大膽的禱告，從那一天起直到現在，我沒有再吸一口氣喘吸入器。這是為什麼我每一天都在數算日子，數算從那天到今天過了多少天，因為對我而言，每一天都是比昨天更大的奇蹟。

這四十年來，我跟神禱告了無數次，祈求祂醫治我的氣喘。但這些禱告並未獲得神的回應，至於原因，只有神知道。

既然如此，我為什麼仍然持續禱告不輟？

簡言之，答案就在於一個低聲密語。

就在我上高一的前夕，我因為嚴重的氣喘發作住進了加護病房。在我的年少歲月中，總計有十二次住進了加護病房，這是其中一次。一個星期後，我從愛德華醫院出院回家，伊利諾州內珀維爾市各各他教會（Calvary Church）的保羅·麥加維（Paul McGarvey）牧師帶著一個禱告小組來我家裡探訪，並為我按手禱告，求神醫治我的氣喘。

神回應了這個醫治禱告，卻是以出乎我意料的方式。

我隔天早上醒來，照喘不誤，但我雙腳上的肉疣卻神祕地消失了。我不是在開玩笑！起初，我懷疑神是否搞錯了。也許，在我們這裡和天堂之間的空中某處出現了混雜信號。我不禁懷疑，在某個地方是否有個人呼吸變得舒暢無比，但腳上的肉疣卻沒有消失。老實說，我當時感到有些困惑。但就在這個時候，我聽見了一個平靜的微小聲音。一個耳朵聽不到的聲音；那是聖靈在對我的靈說話。這個清晰而嘹亮的聲音說：**馬克，我只是想讓你知道，我有能力！**

幾十年過去，這句話依舊令我震顫不已。我那時候十四歲，第一次聽見神的低聲密語。神沒有照我期望的方式回應我的禱告，我感到失望嗎？當然。但這四個字在我的生命中迴盪了三十年：**我有能力**。神不僅有能力，而且祂「能照著運行在我們裡面的大能，充充足足地成就一切，超過我們所求所想的」[6]。

我現在要把這些人生中的點點滴滴連貫起來，理出頭緒。

如果沒有那個低聲密語，我不確定我後來會有信心放膽做了那個最大膽的禱告。如果我沒有做那個禱告，神要如何回應我的禱告？畢竟，我們沒有禱告的事情，神絕對不會回**應！**你可以猜出這會有什麼結果，不能嗎？我經歷的神蹟出自一個低聲密語！這適用於每一個神蹟奇事。當我檢視我的人生，我清楚地知道我蒙受的每一個祝福和突破，都是來自

6 以弗所書（厄弗所書）3章20節。

神的吹氣，而這一切完全始於一個平靜而微小的聲音。

全國社區教會在華府的國會山開了一間咖啡屋「以便以謝」[7]，就是一個絕佳例子。當人們經過「以便以謝」，他們看到的是一間咖啡館，但我聽到了神的一個低聲密語。這一切都要回到二十年前。那時候，這棟建築物的牆面塗滿了各種亂七八糟的塗鴉，門框旁邊堆滿了煤渣空心磚。有一天當我經過這裡的時候，一個聖靈所啟示的念頭讓我大受鼓舞：「這間廢棄的破舊毒品屋，將會成為一間很棒的咖啡館。」

那種突然冒出的念頭，有時候意謂會有超自然事情發生。我稱之為「神的點子」。我寧願有一個神的點子，也不要有一千個好點子！好點子固然好，但是神的點子將會改變歷史的方向。

這個神的點子後來轉變成了一個大膽的禱告，而這個大膽的禱告最後落實成了一間咖啡館，而且開幕至今已不只一次被票選為華盛頓特區第一名的咖啡館。從十年前開門營業的第一天起，我們已經從營業淨利中捐出超過百萬美元，協助神國事工的推展。但我們的每一次出擊和捐出的每一塊錢，都曾是神的一個低聲密語。

靈魂的智庫

三十多年來，美國聲音生態學家戈登．漢普頓（Gordon Hempton）一直在整理更新這份他稱之為「最棒的寂靜之地」的清單。收錄在這份名單裡的場所，在白天，至少會有十五分鐘不被打擾的寧靜時光。根據最新出爐的名單，全美只有十二個寂靜之地！難怪我們總是在納悶為什麼靈魂會這麼難受，誠如漢普頓所言：「寧靜是靈魂的智庫。」

簡言之，神經常是在我們最安靜的時候，用最嘹亮的聲音向我們說話。

十七世紀法國哲學家布萊茲．帕斯卡（Blaise Pascal）曾經有感而發說：「所有人類的不幸，都源自於不能在室內靜坐獨處。」

多麼擲地有聲的聲明，但絕非誇大其辭。如果你的問題是聽力問題——靈性方面的托瑪迪斯效應——那麼，這類問題的解方是一個和〈詩篇〉一樣古老的處方。這對我們的靈性活力至關重要，值得我們一次只逐字或逐句深思其義。

要

要住手

要住手，要知道

要住手，要知道我是神。[8]

7 編注：意思是「感謝之石」，用以表示對神的感恩。

8 詩篇46篇10節。

你有過設法讓嘈雜的房間安靜下來的經驗嗎？那種喊破嗓子試圖叫鬧哄哄的人群安靜下來的做法，通常不會有什麼效果，對吧？反而發出「噓聲」示意大家安靜，要有效得多。這就是上帝的做法。祂的低聲密語可以使我們安靜下來，冷靜下來，平靜下來。

根據定義，白噪音（white noise）是指一種混雜了人耳所能聽到的各種頻率的聲音。正因為它是一個聲音頻率大雜燴，我們很難聽清楚每一個聲音——尤其是神平靜而微小的聲音。正因為如此，慢性噪音（chronic noise）可能成了嚴重阻礙我們靈命成長的元凶。而且，受損的不是只有我們的靈命而已。

心理學家阿琳．布朗札夫特（Arlene Bronzaft）針對美國紐約曼哈頓一所小學的學生做了一項調查研究，她發現那些班級被分發到面對高架鐵軌教室的學生，在學業成績的表現上，比在同棟建築另一側較安靜的教室上課的同年級學生落後十一個月。紐約市公共運輸局後來在鐵軌上安裝了消音設備，一項後續的追蹤研究發現，兩群學生的學業表現並無差異。

當我們的生活充斥著喧嘩聲，被各種雜音所佔據，我們也會失去身為人的存在感。我們冒著危險去獲得名利與成就（human doings），而不是活出真正的自己（human beings）。當我們疲於應付滿檔的日程表，我們也失去了自身的平衡感——這正是我們內在耳朵的一項功能。

我要說的話可能有些刺耳：

你過著鬧哄哄的生活。

你的日程表天天爆表。

那就是我們為何、如何、何時忘了神之所以是神。我們的日程表用無關緊要的事使我們分心。「蒼蠅的嘈雜聲，使我忽視了神和祂的眾天使。」英國詩人約翰．唐尼（John Donne）說道。解方呢？安靜下來。或者說得更具體些，就是神平靜而微小的聲音。

安靜絕不是被動等待。安靜是**主動聆聽**。知名作家盧雲（Henri Nouwen）教授認為，安靜是一種抵禦我們內在雜音的抗戰行動。要贏得這場戰爭並非易事，因為這是一場每天都要對抗的戰役。但是，神的聲音會在我們的生活中越來越響亮，直到我們只聽得見神的聲音。「每當你全神貫注地聆聽這個呼喚你為我所愛的聲音，」盧雲說：「你會發現在你裡面生出了一種渴慕，想要花更長的時間和更深入地傾聽這個聲音。」

得救的樂歌

布雷德．史邁爾（Brad Smile）是位非常傑出的錄音師，我們合作搭檔了十年，一起錄了十二本有聲書。在最近一次的錄音空檔中，布雷德告訴我在電影和音樂產業裡，混音的標準作業流程。在進錄音室之前，錄音師會透過絕對的安靜來放鬆自己的耳朵，和調校自己的聽力。而且只有在這個時候，他們預備好要「聆聽」（真正地聆聽）。聲音生態學家把這個動作稱為「清耳朵」。

位在明尼蘇達州明尼亞波利斯市的歐斐爾德實驗室（Orfield Laboratories）的消音室（anechoic chamber），堪稱是全世界最安靜的房間。一英尺厚的水泥牆和八英尺厚的玻璃纖維吸聲楔，可以吸收掉百分之九九．九九的聲音。在裡面測得的背景雜訊是負九．四分貝。置身在消音室，你只能聽到自己的心跳聲、血液循環聲和肺呼吸的聲音。這就是寂靜之聲，這個聲音提醒我們，因為神，我們才得以「生活、行動、存在」[9]。

如果你想要聽見神的心意，安靜是關鍵。

如果你想要被聖靈充滿，那麼安靜吧。

〈詩篇〉作者沒有消音室可以避靜，他退隱在神裡面。他提到神是他的避難所、他的保障，以及他的隨時幫助。他稱之為「至高者的隱密處，全能者的蔭庇」[10]。但我自己最喜歡的描述詞則是「藏身之處」。

祢是我藏身之處，
祢必保護我脫離患難，
以得救的歡呼四面環繞我。[11]

你知道神隨時在你的周圍唱著得救的樂歌嗎？你聽不到，因為它們在你的聽力範圍之外，你被隔絕在一個音罩裡面。然而神的得救樂歌具有強大的威力，足能斷開一切枷鎖、勝過任何癮頭，以及解決任何問題。有了得救的樂歌，那些為了攻擊你而製成的武器，都不會有任何效用。

記住，聲音只能重現耳朵所聽到的。我不確定你有什麼樣的難題要解決，但我的禱告是你會願意學習去分辨神的聲音。當你這麼做的時候，祂的得救樂歌可以釋放你得自由！

不要**向**神躲藏。

要把你自己藏身在神**裡面**。

八分休止符

貝多芬的《C小調第五交響曲》是最常被演奏的古典音樂曲目之一。由於它的經典開場方式，當音樂一響起，聽者很快就聽出這是哪首交響樂。但你知道嗎，其實它真正的開場是一段靜默——在第一個音符奏出之前的一個八分休止符。

《C小調第五交響曲》於一八〇八年十二月二十二日在維也納河畔劇院（Theater an

---

9 使徒行傳（宗徒大事錄）17章28節。
10 詩篇91篇2節、46篇1節、91篇1節。
11 詩篇32篇7節。

der Wien）首演，卻造成了聽眾的困惑，對今天熟悉《C小調第五交響曲》的我們來說，類似的情況很難再現。雖然要釐清貝多芬的原始創作意圖並不容易，不過那個八分休止符扮演了聲音緩衝器的角色。音樂會一開始的時候通常會出現這類環境噪音：古典音樂常客的交談聲、晚到者找座位的聲音，還有節目程序造成的窸窣聲。以短暫的寂靜開始一首交響樂，等於是一種清耳朵的動作，即使只是一個八分休止符。讓交響樂一切就緒的正是寂靜，這也適用於我們的人生。

我們需要更多的八分休止符，不是嗎？如果我們想要我們的人生成為神的恩典交響曲，更是如此。我會建議在每一天的開始和結束之際有個八分休止符——花一點時間整理自己的思緒、數算恩典，以及禱告。我們也需要一星期中有一天休息的時間。這至關重要，因此神頒布安息日為十誡之一。如果你的時間允許，我會建議你每年給自己兩天的退修日（又稱為避靜日）[12]。我的看法是，你必須這樣做。找個人，告訴對方你要去哪裡、要去多久，但在這兩天裡要切斷所有的聯繫，讓你自己與神以及神的話（聖經）獨處。禱告當然也是退修日的重要部分，但是比起禱告，要更多地聆聽神。

還記得那些使我們耳聾的聲音嗎？要不去理會或拒絕聽這些聲音確實很難，尤其是我們頭腦裡的聲音更是難擺脫。但這麼做卻能獲得呈指數性增長的成果：「在祢院子裡住一日，勝過在別處住千日。」[13]如果我們想要獲得事半功倍之效，那麼進到神的同在中。那是我們最有效利用時間的方式，由此可以獲得千倍的效益。安靜是其中的關鍵。安靜幫助我們聽見神的聲音和唱出上帝之歌。

安靜讓我們知道看見和洞見之間的差別。

安靜讓我們知道快樂和喜樂之間的差別。

安靜讓我們知道恐懼和信心之間的差別。

根據干擾學的研究，我們每三分鐘就會受到干擾。有個專門研究干擾的科學領域這個事實，正好證明了我們生活受到干擾的情況變得有多嚴重。如果你想要找到安寧，我們必須為自己的生活設定界線。舉例來說，早上九點前和晚上九點後，禁止收發電子郵件。此外，雖然你已經設定界線了，你可能還想刪除一些App、刪除一些電子訂閱服務，以及偶爾從社群媒體抽身。

幾年前，我寫了一本書《勇敢告訴神，讓祂成就你的夢想》（*The Circle Maker*）[14]。這本書旨在闡明禱告的力量，從出版後到今天，我已經聽到數千人從本書受益的見證分享，證明了禱告的威力。我們憑一己之力所能成就的，與神所能成就的最好成果之間有所差異的原因，就在於禱告。但有一件事比**跟神說話**更重要，也更有能力。那是什麼呢？就是**聆**

12 編注：Retreat，基督徒每年會選擇幾天時間，放下俗世的一切，選擇一個寧靜的環境，省思自己的心靈與信仰，回復與神的合宜關係。

13 詩篇84篇10節。

14 譯注：中文版由啟示出版。

聽神。聆聽把我們的獨白轉變成對話，這正是神所希望的。

我自己有一個簡單的經驗法則，應用於與人見面的場合中：**多聽少說**。我越想多聽對方說話，我就越保持安靜。這用在「聆聽神」這件事上，也是很好的經驗法則。

聆聽神的低聲密語。

然後，發出你的最大膽禱告！

第2章 神的聲音

神說：「要有光！」就有了光。

——創世記1章3節

你現在可能完全感覺不到自己在移動，但這是對一個神蹟的錯覺。那真相到底是什麼呢？你現在置身在一個星球上，它正以每小時一千英里的速度繞著它的自轉軸旋轉。你甚至完全感覺不到暈眩！此外，地球這顆行星正以每小時約六萬七千英里的速度前進。因此，即使你沒有感覺到，但你確實一天就旅行了十六億零八百萬英里。

我要問你一個問題：你上次為神持續把我們安放在地球軌道上而感謝神，是什麼時候？我猜，答案是**從來沒有**！為什麼會這樣？因為神是如此擅長於祂所做的事，以至於我們認為這是理所當然的。我從來沒有一次屈膝禱告說：「主啊！我不確定我們今天是否仍能繼續自轉不輟，但祢又做到了！」

有人說他們從未經歷過神蹟，你可能也是其中之一。但恕我直言，這點我無法苟同。我們每一天都在經歷一個天文級神蹟。諷刺的是，我們在生活中明明已經相信神施行了巨大的神蹟（像是使我們保持在地球的軌道上繞行），但現今的人們相信神卻不是為了這樣的巨大神蹟，而是為了祂所施行的其他微小神蹟！

為了能完全領會神的聲音的大能，我們要一路回溯到開天闢地之始。神用說話創造宇宙，數數看幾個字——三個字：

神說：「要有光！」[1]

我把這句話改寫如下：

要有不同波長的電磁輻射，並以每秒十八萬六千兩百八十二英里的速度行進。要有無線電波、微波和X射線。要有光合作用和光纖。要有雷射屈光角膜層狀重塑術、衛星通訊和曬黑。喔，還要在暴風雨過後出現彩虹。

根據記載，這是神最初所說的三個字。

「要有光！」

根據記載，這是神所行的第一件神蹟。

光是**視覺的源頭**。沒有光，我們看不到東西。光是**科技之鑰**。我們可以和遠在大半個地球之外的人在一秒內通上話，都要拜光所賜，因為光一秒就能環繞地球七圈半。光是**食**

物鏈的第一個鏈結。沒有光合作用就沒有食物。光是**健康的基礎**。缺乏日照會導致生物從缺乏維他命D到憂鬱等生理問題。光是**能源的源頭**。在愛因斯坦著名的方程式：$E = MC^2$中，能源（E）等於質量（M）乘以光速（C）的平方，其中光速是固定不變的常數。光是**時空的量尺**。一公尺的定義是：光在一個時間單位內在真空中的行進距離，這個時間單位是二億九千九百七十九萬二千四百五十八分之一秒。

光是萬有的阿拉法（始）和俄梅戛（終），也包括你。[2]

你知道胚胎學家最近已經利用螢光顯微鏡捕捉到受孕的時刻？他們發現的正是精子鑽進卵子的那個時刻，卵子釋放出數十億個放光的鋅原子，簡直是火花飛舞，一點都不誇張！受孕的奇蹟是一個小宇宙，映照出上帝在創世時最初說出的那三個字。

三個字

一九二五年一月一日，埃德溫．哈伯（Edwin Hubble）向美國天文學會（American Astronomical Society）發表簡報。在當時，天文學界的普遍共識是全銀河系就是宇宙的總和。哈伯這位星系天文學的先鋒，卻有異見。

1 創世記1章3節。
2 約翰一書（若望一書）1章5節。

他提出了一個關鍵證據，他從來自遙遠恆星射出的光中觀測到了紅移現象，而且它們的紅移程度與其和地球的距離成正比。根據這個發現，使得當時既知的宇宙規模一下子激增了十萬倍。意義更重大的是這個簡單的事實：宇宙持續在擴張中。幾乎就在一個世紀後，據估計，哈伯望遠鏡已經偵測到了大約二千億個星系，最近的研究指出，這個估值至少低估了十倍。

這項發現的重大意義是：神最初說出的那三個字，依舊在宇宙的邊緣創造星系。三個字！其最終結果是一個在持續擴張中的宇宙，天文學家測量出這個膨脹中的宇宙的直徑至少有九百三十億光年。

如果神用三個字就能做到那樣的事情，我們還擔心什麼呢？

神的第一個啟示就是祂是創造主。由於祂的創造是如此令人驚嘆，以致我們很容易就忽視了神是**如何**完成祂的大工。但對我而言，創世的機制就和創世本身一樣驚人。

神是以什麼方式創造世界的？用祂的聲音！宇宙是神的說話方式：「看看我用三個字可以成就什麼！」這個用說話創造宇宙的聲音，也命令紅海分開和太陽靜止不動。祂的聲音可以醫治乾枯的手臂，叫不結果的無花果樹凋萎。祂的聲音可以使水變成酒、使一個瞎子腦部的視神經和視覺皮層之間的突觸連結起來，以及叫一個死了四天的人復活。[3]

沒有一件事是神不能說、不能成就的。說實話，神當然可以隨心所欲行事！祂可以藉著荊棘、巴蘭（巴郎）的驢子或是伯利恆之星說話。祂的聲音可以寫在宮殿的牆上，或是封住獅子的嘴。祂的聲音可以熄滅火窯的烈火，或是平靜加利利海的風暴。[4]

神的聲音是全能的，但這只是故事的一半。神的聲音也是全愛的。我們會在接下來的章節中，分別探索神的七種語言。第一種語言就是聖經，它是最重要的基石；還有其他六種輔助性的語言：渴望、門、夢、聖靈督促、身邊之人，以及痛苦。但它們全都是愛的語言。為什麼？因為「神就是愛」。

不只一百遍的「我愛你」

我們對神充耳不聞的一個原因，是我們害怕祂要對我們說的話，而這份害怕是因為我們不明白祂的心是向著我們的。你會想聽神說什麼的，相信我。〈雅歌〉五章十六節說：「祂的口甜蜜。」

根據猶太拉比傳說，[5]當神在西乃山上向以色列人說話的時候，他們全嚇得魂飛魄

3 出埃及記（出谷紀）14章；約書亞記（若蘇厄書）10章；馬太福音（瑪竇福音）12章9–13節、21章18–19節；約翰福音（若望福音）2章1–11節、11章38–44節；路加福音18章35–43節。

4 出埃及記3章；民數記（戶籍紀）22章21–31節；馬太福音2章1–11節；但以理書（達尼爾）5章、6章、3章；馬可福音4章35–41節。

5 拉比傳說不能與聖經相提並論，但我發現它是一個很好的背景，而且是一種有益的方式，讓我們可以更好地理解聖經。

散。這是當神用祂的外在巨聲說話時會發生的場景！那麼，神做了什麼呢？祂用甜言柔語使以色列人回魂，平靜下來。也許這只是一個拉比傳說，卻與神的特質吻合。當神想要我們悔改時，祂會做什麼？祂不是用脅迫、批評或吼叫的方式。反之，祂向我們顯明祂的慈愛。[6]如果這樣做沒有奏效呢？祂會訴諸更多的慈愛。

柴克．朱瑞（Zac Jury）任職於聯邦調查局（FBI）總部期間，他有一年半時間都來全國社區教會聚會。柴克就是你想像中的典型探員形象。他是個硬漢，個性機靈。但我們都有軟弱不足之處，而神常常在這方面向我們說話。

「我從來沒有真正理解或真正接受過上帝愛我，祂就是愛我，愛著這樣的我。」柴克說：「但在那一天，當我站在林肯劇院後排，參加全國社區教會的一場聚會時，這一切都改觀了。我站在那裡，聽到了一個平靜而微小的聲音，不斷地對我說：『我愛你，我愛你，我愛你，我愛你，我愛你，我愛你。』祂一定向我輕聲說了『我愛你』不下一百遍！我的眼淚潰堤，淚流滿面，我第一次從內心深處真切感受到神的愛。林肯劇院對我來說是一個別具意義的地方，這裡永遠是我真真實實地聽見並且相信主愛我的地方。」

只要你願意仔細聆聽，我相信你也會聽見神對你說一樣的話！

我知道有許多人很難相信神愛人，這主要是因為有人**曲解**了神。但我向你保證：天父也在向我們說出祂在耶穌受洗時所說的話：「這是我的愛子，我所喜悅的。」[7]你是祂所愛的，而且祂格外喜悅你。你只要讓神愛你就好。

那不正是你想要聽見的聲音嗎？

我和妻子蘿拉在談戀愛期間，分別就讀不同的大學，這種分隔兩地的情況維持了一個學期。我在前一章提到，我最後從芝加哥大學轉學到中央聖經學院。我在乳牛牧場領受了全職服事的呼召只是原因之一，還有另外一個原因就是我和蘿拉電話傳情的費用快要超出學費，倒不如轉學會更便宜。

我和蘿拉為什麼要在談長距離戀愛的那段時間裡，在電話上情話綿綿幾個小時？因為當你愛一個人時，也會愛他或她的聲音。你渴望聽見對方的聲音。我們與神的關係也是如此，兩者並沒有什麼不同。

神的歌唱

著名的作曲家李奧納德．伯恩斯坦（Leonard Bernstein）認為「神說」這個出現在〈創世記〉第一章的用語，希伯來原文的最佳翻譯是「神唱出」。這固然有音樂人的偏見在，但我愛極了這個解釋。創造是神創作的交響曲，科學對此提供了許多確鑿的證據。

你知道碳原子電子層發出的和聲音階和葛利果聖歌（Gregorian chant）是一樣的嗎？

6 羅馬書2章4節。

7 馬太福音3章17節。

你應該覺得很驚奇吧！此外，根據生物聲學的研究，大自然中隨時有數百萬首天籟同時響起。當然，它們絕大多數屬於次聲和超聲。「如果我們有更敏銳的聽力，」醫生暨研究學者路易斯．湯瑪士（Lewis Thomas）說道：「我們可以分辨出海鳥的歌聲、成群軟體動物所發出猶如定音鼓般的節奏旋律，甚至是沐浴在陽光下在草地上盤旋的蚊蚋的模糊和聲，牠們構成的混聲可能會讓我們聽了心醉神迷。」

我們把這段話拿來與下面這節經文相比：

我又聽見在天上、地上、地底下和海裡的一切被造之物，以及天地間的萬有，高唱：「願頌讚、尊貴、榮耀、能力，都歸給坐在寶座上的那一位和羊羔，直到永永遠遠！」8

這不是未來式，這是正在發生的事實。

當我們穿越連續時空進入到聖經裡所說的天堂時，我們會有一個榮耀的身體。我期待會有一些新的身體構造，像是健美的結實腹肌！但最讓我興奮的是我們將會有無比敏銳的感官。我們終於能夠聽到天使的八度音，以及令人心醉神馳的天使合唱。不過在此之前，我們只能暫時滿足於巴哈、U2樂團主唱波諾或小賈斯汀。

一個補充說明：還記得托瑪迪斯醫生嗎？他說：「就生理而言，耳朵對於純淨的聲音反應不良。」反之，「耳朵喜歡複雜的聲音。」那麼，是哪種複雜的聲音呢？「要讓耳朵有具體反應，最少必須有三種頻率的聲音同時在作用。」

三種頻率？這只是巧合，或者是神的精心設計！

創造是三部和聲——聖父、聖子和聖靈。正如三位一體的神唱出了每一個原子，每一個原子又以其獨一無二的音符應和神。創造就是呼召與回應！當聖經提到群山歡呼和群樹拍掌時，不僅是一種隱喻而已。[9]如果我們的聽力範圍稍微再寬廣一點，我們會在每一滴水、每一根草和每一粒沙中，聽見神的聲音。

聽力範圍

當我們看到「說」這個字，我們想到的是聲學，但我們應該從物理學來思考。尤其祂是那位照著祂說的話來成就的神。畢竟，聲音的首要本質是一種能量。人類的聲音很適合口語溝通，因此，我們也常以這種方式來思考神的聲音。但是，神的聲音不只是可聽得見的說話（用人類的語言來表達），而是遠甚於此。神使用祂的聲音說話，但也使用祂的聲音來施行醫治和啟示、使人知罪和創造萬有，還有引領和賜下恩典。為了能完全領會神的聲音，我們必須把神與人類的聲音加以比較和對照。

8 啟示錄5章13節（譯注：「高唱」二字普遍譯為「都說」，此處根據英文聖經直譯，以貼近原文）。
9 以賽亞書（依撒意亞）55章12節。

從科學層面來說，人類的聲音是由聲波所構成，每秒的行進速度是一一二五英尺。一個普通男性的聲音頻率平均是一〇〇赫茲，女性音頻較高來到一五〇赫茲。雖然有貝瑞懷特（Barry Whites）和席琳狄翁（Celine Dions）這樣的歌手挑戰人聲的極限，一般而言，我們的音域平均落在五十五至八八〇赫茲之間。我們也有一個聽力區間，介於二十至二萬赫茲之間。落在二十赫茲以下的聲音屬於次聲，超過二萬赫茲就是超聲了。因此，當我們聽見人類聽域之外的聲音，意謂聲音的奇蹟出現了。

低於我們聽力範圍或聽域的次聲，會引起頭痛和地震。根據動物學家的研究，大象利用次聲預測天氣變化，鳥類在遷移時利用次聲進行導航。我們也可以應用次聲確定地下原油的位置，或者預測火山爆發。

至於超出我們聽力上限的超聲，可以殺死昆蟲、追蹤潛艇、震裂玻璃、執行非侵入性手術、讓建築物崩塌、清潔珠寶、催化化學反應、癒合受傷的組織、鮮乳殺菌、震碎腎結石、鑽孔於鋼材，還可以透過超音波一瞥腹中胎兒。

那麼，神用人耳聽得見的聲音說話嗎？當然！但那只佔神音域中極小的一部分而已。神的大能以超越我們聽力的方式向我們說話。正如有人宣稱他從未經歷神蹟，也有人宣稱他們從未聽見神的聲音——如果那是指在我們狹小的聽力範圍內、耳朵可聽見的上帝聲音的話，也許還有真實性，但我們所看見的萬事萬物都是神發出的聲波振盪所構成的。

神透過一次說話，完成了我們今天所看到的一切。

神的聲音隨時環繞著我們！

比大更大

如果說神的創造顯明了什麼意義，那就是神比大更大。用神學術語來說就是「超越性」（transcendence），宇宙的規模就是證據。

地球這顆行星的體積，比火星、水星和月球都大，但要比天王星、海王星、土星和木星小很多。木星的體積比地球大一千三百二十一倍，但比太陽小十倍。太陽是一顆相對小的黃矮星。大角星（Arcturus）是一顆橘色巨人，比太陽大二十六倍，產生的能量比太陽多二百倍。心宿二（Antares）是一顆紅色超級巨人，比太陽明亮一萬倍。我們現在講的甚至連銀河系都還沒有跨出去！

對我們來說，地球看似巨大，其實不然。

這不僅提醒我們人類多麼渺小，也提醒我們神多麼浩瀚宏大。神不存在於祂所創造的這個時空維度裡，所以，不要用四維時空的限制來局限神。「在主看來，一日如千年，千年如一日」[10]。這對生活於一維時空的人來說，顯得荒謬而離譜，但對於存在於時間之外

10 彼得後書（伯多祿後書）3章8節。

的人，卻再合理不過了。

我們很難想像神存在於四維時空之外，因為那是我們唯一知道的時空世界。我們試圖根據我們的形象來創造神，而不是讓神以祂的形象來創造我們。最終，我們認知中的「神」平凡無奇，祂走路和說話與我們相似的驚人。

「如果有一位更高的神可以用一把榔頭敲碎你們的小宇宙，」英國作家切斯特頓（G. K. Chesterton）說：「你們還會有多快樂？你們還會有多少人待在這裡？」

神比大更大，但如果我們被留在這種無限大的孤寂中，的確有些嚇人。那好消息是什麼呢？這裡有一個神學上的平衡來彌補那種無限大。它被稱為神的內住性（immanence），也就是神比近更近。

神的慈愛上及諸天，
祂的信實高達雲霄。
祂的旨意宏偉，
祂的判斷如同深淵。
但在祂的廣大中
萬有祂都看顧，
沒有一個被遺漏。[11]

神之所以偉大，不僅是因為沒有任何事物是太大的；神之所以偉大，是因為沒有任何事物是太小的。神不僅按著你的名字認識你，祂還要給你一個獨一無二的名字。[12] 而且，祂要用專屬於你的獨一無二語言向你說話。

量身訂做

〈詩篇〉二十九篇對於神發出的外在巨響，做了強有力而又詩意的描寫。我常常在雷電交加的暴風雨中想到這篇經文。神的聲音在這裡被形容為猶如閃電雷鳴發出的隆隆巨響，接著，出現了這個看似平淡無奇的宣告：「耶和華的聲音大有能力。」[13]

有一個翻譯是這麼說的：「耶和華的聲音與能力相稱。」換言之，神的聲音是照著每個人獨一無二的能力來量身打造的。說白了就是：神用你的語言向你說話！

有個組織發展理論被稱為「欣賞式探詢」（appreciative inquiry），身為教會領袖和父親，我認同這個理論的論點。不要只聚焦於錯誤和設法改正它們，而是要辨識出對的事情並設法將之複製。欣賞式探詢可以發揮人們的長處，鼓勵人們把事情做對。欣賞式探詢是

11 詩篇36篇5－6節（譯注：此處由英文信息本聖經直譯）。
12 啟示錄2章17節。
13 詩篇29篇4節。

讚美你想要深入了解的事物。欣賞式探詢是在人們背後誇獎他們。

我當然不是在說，神不會讓我們知罪——祂會的——如果你願意，可以把它稱為「罪的探詢」。但是，神也會透過欣賞式探詢發掘出我們的潛能。為什麼呢？因為祂從起初就賦予我們潛能。那神會怎麼做呢？祂會對我們的長處說話。

我會在本書第二部探討七種愛的語言。但這絕不是一份詳盡無遺的清單。我沒有把「大自然」這個語言涵蓋進去（這是我的疏忽）。那真相是什麼呢？神會說數十億種方言（dialect），包括你說的那種。

我最近遇到一位印度裔小兒科醫生，她來我們教會聚會。她在一個印度家庭中長大，她告訴我，她是在讀了《我是一個印度教徒嗎？》（*Am I a Hindu?*）這本書後，決志信主的。我不知道這世上是否有其他人信主的經歷跟這位女士一樣，但這見證了神使用一種屬於我們的獨特語言，向我們說話。

翻譯失真

黛安．艾克曼（Diane Ackerman）在她的傑作《感官之旅》（*A Natural History of the Senses*）中，分享了一件令人莞爾的小插曲，透露了人與人之間要彼此了解有多麼困難，即使我們說的是相同的語言。黛安從伊利諾州的沃根基（Waukegan）來到北卡羅萊納州的費耶特維爾（Fayetteville）作客，她詢問招待她的主人城內是否有SPA。黛安知道一些著名的溫泉，她打算泡湯讓自己度過一個愉快的下午時光。她很快就從對方狐疑的表情中看出了「翻譯失真」所導致的誤解。東道主用濃重的阿肯色州腔問道：「SPA？你說的是俄國特務（SPY，兩者發音很像）嗎？」

我們對於所聽到的事情，不是每次都能正確領會其意。為什麼會這樣？因為我們所聽到的每一件事情，都會通過我們個人的經歷、性格、種族和宗教信仰等所構成的濾網。

你知道不同國家的人確實有聽力差異嗎？這被稱為「基本頻帶」（basic-frequency band）。舉例來說，法國人的最佳聽力介於一千至二千赫茲之間。英國人的頻寬則要大得多，介於二千至一萬二千赫茲之間。美國人則介於七百五十至三千赫茲之間。

正因為如此，才有法國耳、英國耳和美國耳的說法。在我看來，或許還有天主教耳和新教耳，共和黨耳和民主黨耳，男人耳與女人耳。即使我們說的是相同的語言，也不表示我們就能聽懂彼此的意思。我們每個人所講的方言，彼此之間的差異就像SPA（溫泉）和SPY（特務）那麼大。

而且，出現在語言學上的現象也適用於靈性層面。我相信絕對的真理，但我對絕對真理的理解並非無所不知，我的理解甚至是不客觀的。幸好，有一位神大到能夠說一種所有人都聽得懂的語言。

足夠大

布蘭登．哈特梅克（Brandon Hatmaker）在他所寫的《一英里寬》（*A Mile Wide*）這本書裡，分享了他第一次前往衣索匹亞的故事。他前往當地，是為了參與朋友史蒂夫．費區（Steve Fitch）所創辦的伊甸計畫（Eden Projects）事工。衣索匹亞部分地區經過一代又一代的濫伐，蔥鬱的森林已經變得光禿禿一片，留下大片貧瘠的土地。伊甸計畫的宗旨是復育伊索匹亞的森林，他們的願景是在當地種植一億株樹木。

就在飛機上等待起飛的時候，布蘭登猶豫了。他有飛行恐懼症，他把家人留在美國，而且懷疑自己的參與是否真能對這個計畫帶來任何實質貢獻。布蘭登為自己出現這種心態而感到自責，於是他閉上眼睛禱告，說：「神啊，對不起，我努力了，但我真的不知道為什麼要去。我不想在這班飛機上。我覺得我是在浪費時間和金錢。如果這對祢很重要，求祢幫助我勝過我的無知、懷疑和愚昧。求祢幫助我理出頭緒，讓我知道我究竟遺漏了什麼。阿們。」

布蘭登禱告完一睜開眼睛，坐在他旁邊的一個三十多歲衣索匹亞男子，問他為什麼要去衣索匹亞。布蘭登原本可以給他幾個不同的答案，從協助社區發展到在當地開展聖工，不一而足。但不知為什麼，他直截了當地說他要去種樹。就是在這個時候，坐在男子旁邊的一個老婦人用阿姆哈拉語（Amharic，衣索比亞的官方語言）問了他一個問題。當這名男子用阿姆哈拉語回答她時，婦人開始放聲大哭，一點都不誇張。事實上，她站了起來，激動地揮舞著雙手，彷彿她真的非常在乎這件事。

「發生什麼事了？」布蘭登問道。

「我的母親問我，你為什麼要去衣索匹亞？」他說。

布蘭登問他：「你怎麼跟她說的呢？」

「我告訴她，你要去衣索匹亞種樹。」他說道。

布蘭登接著問他：「那她怎麼說？」

此時，布蘭登鄰座的男子告訴他，他的母親為她同胞掠奪他們土地的事向神禱告了三十年，求神赦免他們的罪。她也跟神禱告說：「求祢差派一個種樹人。」布蘭登還來不及回神過來，婦人已經按手在他的頭上為他禱告，喜悅的淚水從她的臉上流下。

容我提醒你一個簡單的真理：**你就是神對某個人禱告的回應**。在這個例子裡，就是這個婦人長年以來持續不輟的禱告，她已經為此向神祈求了比布蘭登的年紀還長的時間。我還要補充一點，婦人的禱告也是一個大膽的禱告！

果然，這件事情讓布蘭登對於這趟衣索匹亞之行有了新的使命感。這個經歷讓他深刻體悟到一件事：「我把福音看得太小了。」或許，那不僅是因為我們把福音看小了，還因為我們對神的聲音的了解遠遠不足。

我有一個堅定的基本信念：**神夠大**。

神夠大，大到能夠把眾行星安置在其軌道上運行。神夠大，大到能夠向距離伯利恆有千哩之遙的巴比倫占星家顯現。神夠大，大到能夠向印度的小兒科醫生們和衣索匹亞的祖母們顯現。就我自己而言，神夠大，大到能夠向一個名叫馬克·貝特森的五歲男童顯現，他當時正在看一部關於彭柯麗（Corrie ten Boom）的電影《密室》（*The Hiding Place*）[14]。

神夠大！

神夠大，大到能夠透過門、夢和人向我們說話。

神夠近，近到能夠透過渴望、聖靈督促和痛苦向我們說話。

比近更近

遠在聖靈展開對人的澆灌、激發、恩賜、知罪、印記、啟示或提醒的工作之前，我們已經知道聖靈運行在水面上。[15]聖靈至今依舊在我們的生命中運行不輟，如同祂在創世之初運行在水面上，二者方式並無不同。

祂依舊透過說話，使光進到黑暗中。

祂依舊化混亂為秩序。

祂依舊化灰燼為美麗。

在希伯來文中，使用 *paniym* 一字描述神的臨在，這個字具有時間和空間兩個面向的意義。用在時間上，*paniym* 意指瞬間前或瞬間後——是一個時間括弧。用在空間上，*paniym* 也可以指在你之前或之後的空間位置——是一個空間括弧。

從各方面來看，祂都是與我們**同在**的神。

祂是**比手足更親**的朋友！

備受敬重的牧師陶恕（A.W. Tozer）如此形容神的臨在：「神在上，但在摸不到頂的高處。祂在下，但在觸不到的低處。祂在外，但不被隔絕。祂在內，但不受局限。神在高聳的萬物之上，又在支撐萬有的萬物之下，在所有疆界之外，又在疆界之內的萬有裡面。」

聖靈在運行。聖靈在低語。聖靈把生命氣息吹進一個名叫亞當的泥土器皿，祂也把相同的氣息吹進你的生命中。

還記得我做的那個最大膽禱告嗎？頭幾個星期，我不確定我的氣喘是否真的被神醫治了，於是我求神給我一個確據。說得更具體些，我求神給我一個聖經上的字，而神真的這樣做了。我並沒有期待那非得是「某個字」或者是一個亞蘭字「以法大」（厄法達）[16]——這個字的意思是「開了吧」，這是耶穌在醫治一個聾啞男人時所說的一個字。當這個人的耳朵被開通時，聖經說他的舌頭不再打結，而且說得清楚明白。請留意其中的順序。

14 我歸信耶穌基督是在一個星期日晚上，在明尼蘇達州的明尼亞波利斯市一間教會播放這部電影時。
15 創世記 1 章 2 節。
16 馬可福音 7 章 34 節。

有沒有可能耶穌比托瑪迪斯醫生更早知道，失聲或失語的病因其實是出在聽力障礙呢？其實，托瑪迪斯醫生就引用了耶穌所行的這個神蹟，來證實他的這個結論：我們的嘴只能重現我們耳朵所聽到的。

這一章主要聚焦於神的聲音的大能。神用三個字創造了星系！顯然，祂能用一個字開通聾子的耳朵。正如耶穌用一個字開通了這個人的耳朵，祂也暢通了我會氣喘的肺部。那個字已經成了我最喜愛的字彙之一。

我除了跟神祈求氣喘得醫治的確據之外，我也開始研究任何與呼吸有關的事物。我不確定擁有三個神學院學位的我為什麼之前完全沒發現下面這個理論，但它徹底改變了我對於人類每天呼吸二萬三千次的思維：有些希伯來學者主張，神的名字「雅威」（*Yahweh*）的縮寫 YHWH，是呼吸聲的同義字。一方面，是因為這個字太神聖了，沒有人敢唸出聲。另一方面，它是我們每次呼吸的呢喃聲。它是我們生命中的第一個字，也是最後一個字，以及存活期間的每一個字。

神就和我們的呼吸一樣親密。

伊拉斯謨（Desiderius Erasmus）神父是第一個創作這句拉丁名言的人：「呼不呼求，神都在這裡。」（*vocatus atque non vocatus, Deus aderit*）瑞士精神科醫師榮格把這句話刻在住家大門上方。不同於猶太人的習俗，他們把「西瑪」（Shema，「聽」的意思）刻在家中的門柱或門框上，每天誦唸三次，這個簡潔扼要的拉丁雋語是為了隨時提醒榮格神的同在：無所不在。

聖經描繪神存在於時間之外——祂是那位昔在、今在、永在的神。聖經描繪神存在於空間之外——祂是那位既在這裡、也在那裡，無所不在的神。

但是，神發現了一個地方，祂站在外面向內張望，那裡就是你的心門。如果你想要聽見神的聲音，你必須回應祂的叩門聲。

除了邀請，別無他法

英國藝術家威廉．亨特（William Holman Hunt）在一八五三年畫了一幅耶穌站在門外敲門的肖像畫。他把這幅畫取名為《世界的光》（*The Light of the World*），這是〈啟示錄〉（默示錄）三章二十節經文的視覺表現：「看哪！我站在門外敲門；如果有人聽見我的聲音就開門的，我要進到他那裡去，我要跟他在一起，他也要跟我在一起吃飯。」

五十年後，亨特說那不僅是一幅畫而已，那是一個提醒——一個神聖的命令。這幅畫中有個有趣的特色，是門外沒有門把，這是畫家的精心設計。他為什麼要這樣做？因為這道通往心靈深處的心門只能從裡面打開。只有你邀請神進入你心中的時候，祂才會走進來！這不僅適用於耶穌，也適用於聖靈。

我最近受邀在一場英國牧者的特會中擔任講員。這是我第一次向大西洋彼岸的牧師同儕講道，我無法完全預期到會發生什麼事。我想我是在潛意識中受到《唐頓莊園》這部英國影集的影響，猜想這會是一個有點正式、禁慾的拘謹場合。事實上，那是一場充滿活力的聚會，倘若可以的話，我真想把這次的經歷好好封存起來，再帶回全國社區教會解封。

現場有一個操練，我至今依舊印象深刻，那是英國國教一項核心的傳統，引用了一個最精簡的禱告：**懇求聖靈**。這個禱詞的拉丁文*venti Creator Spiritus*可能源自於一位本篤會修士拉巴努．毛如斯（Rabanus Maurus）在九世紀所譜寫的一首聖歌。從十六世紀的英國宗教改革至今，這首讚美詩的英譯本就超過了五十種，而收錄在一六六二年《聖公會公禱書》（*Book of Common Prayer*）修訂版的譯本如下：

懇求聖靈，感我靈魂，
如火從天光照我心，
主為人心抹膏之靈，
時常降下七種神恩。

這個祈禱文是英國國王查理一世於一六二五年加冕典禮上的就職禱告，從此之後，這個祈禱文成了英國每一位新任國王加冕禮上的例行禱告。在誦唱完〈使徒信經〉後，加冕禮唱詩班便接著誦唱這個祈禱文，新任的國王或女王則坐在加冕寶座上接受祝禱，這是緊接在新王受膏前的一個程序。

你不需要告訴聖靈，祂要在何時、何地或以什麼方式來造訪你。但你應該向聖靈發出邀請。這個邀請禱告不是唸唸有詞的「咒語」。任何一種重複禱詞的祈禱都很可能落入一種危險的境地，淪為空洞的咒語。但只要你是出於真心誠意地祈禱，那麼當聖靈以一種奇異且不可思議的方式向你顯現的時候，千萬不要感到驚訝。

記住了，那些吹噓得比神更神的聲音，絕對不是出於神。因此，你需要把神的話聽得更仔細、更清楚。

也許，那就是你的最大膽禱告？

第3章

聆聽神的「密語之所」

從我的口所出的話也必這樣。

——以賽亞書55章11節

一七九二年三月，美國國務卿湯瑪士·傑佛遜（Thomas Jefferson）發布公告，徵求美國國會大廈的建築設計圖，「優勝者」可以獲得五百美元的獎金，以及一張城市樂透彩券。參賽的十七人中，沒有一個人的設計勝出。競賽結束後，在蘇格蘭受教育、定居於英屬西印度群島的醫生威廉·桑頓（William Thornton），要求美國政府當局允准他遞交一份設計提案，他的設計最後獲得通過。這位業餘建築師後來以美國國會大廈「第一任建築師」的身分而廣為人知，十年後，成了美國專利局第一任局長。

桑頓在遞交他的國會大廈計畫書之後，喬治·華盛頓總統親自率領一隊人馬來到詹金斯高地（Jenkin's Hill），也就是今天國會大廈的現址。現場響起奏樂聲和鼓聲，五彩旗幟飄揚、觀眾歡欣慶祝，國會大廈的奠基石在一七九三年九月十八日這一天被埋設，在開工的祝聖儀式上，主禮者獻上了玉米、酒和油。慶祝活動包括了一頭重五百磅、已被宰殺的公牛，這成了美國最神聖的儀式之一——燒烤——的濫觴！

國會大廈走過了二百二十五年的歷史，可能是美國最負盛名的建築物。在國會大廈內部的神聖廳堂裡所做的決策、採取的行動和談話，一次又一次改變了歷史的進程。如果這些隔牆會說話，它們會講述曾在這裡舉行的各種公聽會和私下談話，以及會場的辯論和委員會的表決，它們共同打造了這個國家。

一八四四年五月二十五日，薩繆爾・摩斯（Samuel Morse）在這裡發送了全世界第一個長途電報：「上帝創造了何等奇蹟！」他之前已經利用自己發明的電報原型機，在國會大廈南北兩側翼樓的參、眾兩院之間發送信息，現在，這些由長短虛線構成的電碼正從國會大廈傳送到三十八英里遠的巴爾的摩火車站。這項發明引爆了一場空前、本以為「絕後」的通訊革命，直到電子郵件和網際網路接棒而起。

一八六五年三月三日，在這裡，林肯總統第一次得知南方邦聯有意投降，他當時人正在總統套房簽署本屆國會會期結束。就在隔日，林肯在國會山莊的東門廊發表了他的第二任就職演說：「毋待人以敵意，而要待人以仁愛。」六個星期後，這位第十六任總統的遺體被安放在國會大廈的圓形大廳，開放給民眾瞻仰，林肯總統遭到約翰・布斯（John Wilkes Booth）用〇・四四口徑的手槍暗殺身亡。

一九四一年十二月八日，在這裡，小羅斯福總統在「會被記入人類惡行史冊」的事件爆發當天隔日，把陷入悲憤中的國家團結在一起。他在這裡向美國國會聯席會議發表他的珍珠港演說，並且正式向日本宣戰，導火線是日本無預警地偷襲了珍珠港，美國正式加入了二次世界大戰。

這二十年來，我就居住在離國會山莊整整一英里遠的地方。從我們的住家遠眺，就能看到自由雕像（Statue of Freedom）佇立在國會大廈的鑄鐵圓頂頂部。我們全家會在夏天來這裡野餐，冬天就來滑雪橇。儘管我幾乎每天都會開車經過這裡，或是沿著國會山莊周圍慢跑，卻始終不見它老去。當我在雷根華盛頓國家機場飛進飛出，我看起來其實就和一個普通的觀光客無異，因為我仍然會像觀光客一樣拿起相機拍下它的身影。我今天看國會山莊，一如我第一次看到它時一樣令我驚艷。

這些年來，我找到了我最愛的國會大廈內部私房景點。從參議院院牧的辦公室遠眺，景色壯觀——從窗戶望出去，猶如置身在電影《星際大戰》中「千年鷹號」的駕駛艙窗邊，可以看到國家廣場的全景與矗立其間的紀念碑。當你站在圓形大廳，被八幅不朽的巨大壁畫所環繞，敬畏之情油然而生。值得注意的是，這些壁畫描繪了五月花號船上人們研讀聖經、寶嘉康蒂受洗，以及可能是在新世界所舉行第一次禱告聚會的場面。[1]

國會大廈總計有五百四十個廳室，佔地四英畝，其中又以「雕像廳」最激勵我。那是一個半圓形的兩層樓空間，第一屆美國眾議院於一八〇〇年十一月十七日在這裡第一次召開。一座大理石雕塑《歷史的戰車》（*Car of History*）矗立在入口上方，上面有史學繆思女神克麗歐的雕像，她手持一本書卷，裡面記載了她依照年代順序編寫的歷史事件。

國會在一八六四年邀請每一州提名兩個傑出市民，以便把他們的雕像永久安放在國會大廈裡展示。他們的雕像就佔了一百座雕像中的三十八個，守衛著雕像廳。其中包括了猶他州市民費羅・法斯沃斯（Philo T. Farnsworth），他是電視的發明者；俄亥俄州市民湯瑪士・愛迪生（Thomas Edison），擁有一千零九十三個發明專利；阿拉巴馬州市民羅莎・帕克斯（Rosa Parks）與海倫凱勒（Helen Keller），他們打破了種族藩籬和身障限制；威斯康辛州市民雅克・馬奎特（Jacques Marquette），他是耶穌會傳教士，繪測密西西比河；北達科他州市民莎卡嘉薇亞（Sacagawea），她是美國原住民肖肖尼族的女英雄，協助路易斯和克拉克探勘路易斯安那購買地（Louisiana Purchase）。

走進雕像廳，就像是來到了美國歷史的名人堂，許多歷史的見證人如同雲彩般環繞著你。接下來我要告訴你，在這個雕像廳裡我最喜愛的一處地點——密語之所。

密語的聲波

我第一次參觀國會大廈是在二十多年前，我們的導遊當時透露了一個公開的祕密地點——密語之所。他站在雕像廳的一側，團員則在另一側。然後他發出微小的聲音，我們

1 我完全理解，許多歷史學家對於哥倫布劃時代之旅背後的動機，爭論不休，這個歷史事件距今已五百年，要找出哥倫布的真正意圖實非易事。哥倫布是完人嗎？差遠了。但那並不會改變這個事實，就是他以屈膝禱告作為發現新世界的祝聖行動。

在另一頭果然聽到了他的回音清晰地直通到我們耳朵，聽起來彷彿就近在咫尺，實在神奇得不可思議。

多年來，坊間流傳了一些關於這個地方的荒誕故事，像是美國第六任總統約翰．亞當斯（John Quincy Adams）假裝在他的桌上睡著了，其實是在偷聽政敵的談話。這些故事無法被證實，但是物理學可以。雕像廳的環狀牆壁和圓頂天花板設計，使得微小聲音的聲波以獨特的方式，沿著雕像廳周圍繞行。

我不曉得桑頓醫生是否從起初就有意設計出這種聲學效應，不過，比起這裡最初作為眾議院會議廳那時候，如今雕像廳裡能製造出這種回聲效應的地點又更多了，因為雕像廳的結構做過變更。總之，一個不變的事實是：只要你站對地方，就能聽見一個平靜而微小的聲音穿越雕像廳進入你的耳朵，即使室內無比嘈雜，依舊清晰可辨。當然，這種狀況也包括每年的五月，全美的八年級生似乎都在這個時候安排參觀首都的班級旅行。

當我查考聖經，我發現這樣的「密語之所」無處不在：

- 對亞伯拉罕（亞巴郎）而言，那裡是幔利（瑪默勒）的橡樹。（創世記13:18）
- 對以撒（依撒格）而言，那裡是拿鶴（納曷爾）城外的水井。（創世記24:10）
- 對雅各（雅各伯）而言，那裡是伯特利（貝特耳）。（創世記28:10–22）
- 對摩西（梅瑟）而言，那裡是燃燒的荊棘叢。（出埃及記3:2）

・對約書亞（若蘇厄）而言，那裡是吉甲（基耳加耳）。（約書亞記5:2–9）
・對基甸（基德紅）而言，那裡是俄弗拉（敖弗辣）的橡樹下。（士師記／民長紀6:11）
・對撒母耳（撒慕爾）而言，那裡是示羅（史羅）的會幕。（撒母耳記上3:21）
・對大衛（達味）而言，那裡是亞杜蘭（阿杜藍）洞。（撒母耳記上22:1）
・對以利亞（厄里亞）而言，那裡是迦密（加爾默耳）山。（列王記上18:42）
・對末底改（摩爾德開）而言，那裡是書珊（穌撒）城的朝門。（以斯帖記／艾斯德爾傳25-23）
・對以西結（厄則克耳）而言，那裡是迦巴魯（革巴爾）河。（以西結書1:1）
・對但以理（達尼爾）而言，那裡是面對耶路撒冷的一扇二樓窗戶。（但以理書6:10）
・對約拿（約納）而言，那裡是鯨魚肚。（約拿書2:1）

在做更深入的探討之前，我要先釐清一件事：神可以在任何地方、任何時候、以任何方式顯現。這也是為什麼神會在燃燒的荊棘叢向摩西顯現。如果是我在寫這個劇本，我可能會選擇金字塔作為背景，但神卻選了沙漠中燃燒的荊棘叢。為什麼？根據猶太拉比的教導，這表明了沒有一個地方沒有神的同在。

神確實會在贖罪日那天，在被安放於至聖所裡的約櫃上的施恩座上顯現，它被兩個基路伯天使雕像張開的翅膀所遮掩。但如果你以為神只局限於某個特定節日或地點，你就是把神框限在一個盒子裡——即使那個盒子是約櫃。不要用聖經來設限神。

我知道，有人主張「神**只會**透過聖經向人說話」。這是一個出於善意所導致的錯誤，高度重視聖經的人（我也看重聖經）往往會犯下這樣的錯誤。我當然相信聖經自成一類，它是神的話，是神所默示的，我也相信聖經正典已經拍板定案。但是，如果我們質疑或不相信神直到今天依舊能透過祂在聖經中向人說話的方式，向我們說話，我們其實是在傷害聖經的權威。

當我查考聖經時，我發現神以一些奇特的方式，在奇特的時間點、奇怪的地方，向人顯現。我不認為神的這種作風有任何改變。神當然不會自相矛盾，可以預期的是，至今祂依舊行事奇妙，無法預料！

神仍然把人與人之間的相遇轉變成神聖的相遇。祂仍然賜人渴望、向人開門，以及啟示異夢或異象。祂仍然透過督促、人和痛苦，向人說話。而且，就像祂對約書亞所說的，祂可以將任何雙腳所站的方寸之地轉變成神聖之地。

雙膝間的方寸之地

一九四〇年，歐伊文（J. Edwin Orr）博士帶領一群惠頓學院（Wheaton College）的學生赴英遊學。其中一站是參觀林肯郡埃普沃思的衛斯理故居，現在這裡已經被保存為衛理公會的一間博物館，它曾是衛理公會教派創始人約翰．衛斯理（John Wesley）的住家。

其中一間寢室，因為兩件事而著稱，據信，約翰．衛斯理生前會固定在這裡屈膝禱告。學生們參觀完回到車上後，歐伊文博士注意到少了一個學生。當他回到博物館樓上找人，看到年輕的葛理翰（Billy Graham）在這個充滿雙膝跪禱痕跡的房間裡，屈膝禱告說：「主啊，再做一次！」[2]

我奉行一個簡單的座右銘：如果我們做聖經人物所做的，神也會做祂曾經所做的。神依舊向人說話。神依舊施行醫治。神依舊施行拯救。神依舊向人低聲密語。神想要做的就是「再做一次」，一而再、再而三地再做一次。當然，我們必須效法衛斯理和葛理翰，屈膝禱告。

我們很快就會談到渴望的語言，而我並不希望我們在此超前討論。但你記得衛斯理是如何接受、相信基督的嗎？他提到，他在一個叫做艾德門街（Aldersgate）的地方參加一個聚會時，他的內心「感受到一股異樣的火熱」。這樣的描述聽起來非常主觀，不是嗎？但這種神聖的興奮感，證實了神在情緒或情感層次向我們說話，聖經就有這方面的先例。

還記得耶穌被釘十架、復活之後，那兩個從耶路撒冷往以馬忤斯（厄瑪烏）走去的門

2 我第一次聽到這個故事，是在二〇一六年八月三日於紐約舉辦的新頌特會（Hillsong Conference）上。在會議發行的小冊內頁，印了以下引述：「根據戈登．諾伊斯博士所言——衛斯理傳道中心。」

徒嗎？耶穌與他們同行、談話。然而，他們卻沒有認出耶穌，實在令人難以想像，但那時他們沒有復活的概念。此外，他們「面帶愁容」。[3]當我們處於一種驚恐或畏縮的情緒狀態中，我們往往會錯失眼前的事物。直到耶穌做了他們曾看過祂做的這件事情——拿起餅來，祝謝了、擘開——他們才認出了耶穌。

你還記得他們接下來對彼此說了什麼嗎？

> 在路上祂對我們說話，給我們解釋聖經的時候，我們的心不是火熱的嗎？[4]

某件事沒有出現在聖經中，並不表示它就不符合聖經。對我而言，不符合聖經是指牴觸聖經的教導。還有另外一個類別是「非聖經的」，這就帶出了一個截然不同的含義，意指在聖經中沒有前例。

沒有前例就不符合聖經嗎？不一定。譬如，聖經中就沒有關於講道壇、讚美詩集或靈修的先例。只要我們的做法和教導不違背正統神學，就站得住腳，甚至是站在聖地上。

固然，我們不應該只憑情緒做決定，但也不應該忽視我們的情緒。事實上，一個判斷上帝旨意的最好方式，就是分辨你的心中是否有出於基督的平安，[5]而這需要「情緒商數」（emotional intelligence，即EQ，以下簡稱情商）的幫助。神甚至透過我們無法具體言說的情緒來向我們說話，像是予人一種感覺到被理解或是難以言喻的喜樂之類的平安。[6]

刺穿耳朵

「有耳的，就應當聽」[7]——耶穌在福音書中重複說了這七個字六次，在〈啟示錄〉中也重複了八次。這是聖經中最簡潔的聲明，但它的意涵卻是加倍重要。這是個迫切的勸誡，我相信你的命運取決於此。

當耶穌宣告「有耳的，就應當聽」時，猶太人的耳朵本該聽出〈詩篇〉四十篇六節的暗示：「祢開通了我的耳朵。」在希伯來文中，「開通」這個字具有考古學方面的意義，意指「開鑿」或是「用緻密的材質挖掘」。那麼，我們要怎麼做呢？我的看法是用我們的內在耳朵聆聽。此外，「開通」也可以譯為「刺穿」，許多聖經學者據此主張，大衛是向一個始於西乃山的古老儀式致敬。

一個希伯來人奴僕做滿六年，到了第七年就能得自由。但是，如果這個奴僕因為深愛主人，而不想脫離奴僕身分，他可以選擇終身服事主人。要怎麼做呢？透過一個刺穿耳朵的神聖儀式：「把他帶到門前，或是門柱旁；他的主人要用錐子刺穿他的耳朵，他就要永

3 路加福音24章17節。
4 路加福音24章32節。
5 歌羅西書（哥羅森書）3章15節。
6 腓立比書（斐理伯書）4章7節和彼得前書（伯多祿前書）1章8節。
7 馬太福音11章15節。

遠服事他的主人。」[8]

你的屬靈耳朵被刺穿了嗎？你的內在耳朵歸給基督了嗎？

神平靜而微小的聲音是你生命中那個最響亮的聲音嗎？

「順服」的拉丁文是*obedire*，意思是「傾聽」。順服始於一個被刺穿的耳朵。順服是對準神的聲音的頻率收聽，並且調大音量仔細聆聽。順服是聽從神的低聲密語，即使許許多多人在為其他事情尖叫喧嘩。

「告訴我你關注什麼，」西班牙哲學家加塞特（José Ortega y Gasset）說：「我就會告訴你，你是誰。」你最終會被你生命中那個最大的聲音——那個你最常聆聽的聲音——所形塑，而活出那樣的形象。

說到底，真正的聆聽就是順服。如果你已經結婚，而且與你的另一半有過「激烈的討論」，你就知道我在說什麼——你會不由自主地提高音量，不是嗎？但這麼做很少能解決問題（其實是從來都沒有）。閉上嘴巴，豎起耳朵聆聽才是解決之道。彼此順服之道就是真誠地、體貼地、耐心地，仔細聆聽對方說話。我們與神的關係也是如此，並無二致。

內在的耳朵

我們很難想像聆聽會是解決問題之道，但聆聽是一切的開始。為了完全理解聆聽的重要性，我們有必要先對耳朵的結構做個簡單的說明。

聲波沖擊我們的耳朵，就像海浪沖擊沙灘。聲波穿過一個耳朵迷宮——黛安．艾克曼把它比喻為一個「一應俱全的迷你高爾夫球場」，布滿了「捲曲、分支、迂迴、繼電器、槓桿、水壓和反饋迴路」。

外耳的功能就像一個漏斗，用以捕捉聲音。聲波穿過外耳道、觸擊耳鼓後，產生的振動撞擊聽小骨，它們是人體三個最細小的骨頭——鎚骨、砧骨與鐙骨。聲波進到中耳後，通過一個形狀很像蝸牛殼的螺旋管狀構造，因而被稱為耳蝸，裡面包含了數千個微小的毛細胞，聲波通過耳蝸時音量會放大。之後，第八腦神經會傳送類似摩斯密碼的脈衝至聽覺皮質，在這裡，音高、音量、音調、距離、方向和意義，會被轉譯成可理解的信息。

請不要再說你從未經歷過神蹟。每一次聲音展開它的外耳、中耳和內耳的神祕穿越之旅，你就是在經歷神蹟。

人類耳朵具備一個奧妙的功能，就是忽略或留意某些聲音的能力。例如，我在大學打籃球的時候，不管周圍有多少人在大喊或尖叫，我都能從觀眾席的喊叫聲中辨認出我父親的聲音。「那是有可能的，」黛安．艾克曼寫道：「因為我們的耳朵確實對聽見的事物聽了兩次。」

8 出埃及記21章2－6節。

就聽力學而言，從聲波撞擊外耳至到達內耳之間，會有短暫的延遲。因此，有些聲音我們只會留意聽一次，其他則會聽兩次。耶穌說：「有耳的，就應當聽。」我認為，那是在規勸我們不要只聽一次，而要聽兩次。第一次聽和第二次聽之間出現的差別，正是我們要分辨聖靈的督促或提醒之處。

不要只用外耳聆聽神，這樣做會導致左耳進、右耳出。用內耳仔細聆聽神第二次。如此一來，神的真理便會從你的頭腦進入你的內心深處。那麼就有可能，只是有可能，我們可以從神之殿的外殿進到內殿（也就是顯明了神的同在的至聖所）中。

平方反比定律

美國國會大廈的「密語之所」可能是全世界最著名的一個，但它不是唯一的密語之所。瑞利勳爵（Lord Rayleigh）於一八七八年首次在倫敦聖保羅大教堂（St. Paul's Cathedral in London）發現了密語效應。瑞利勳爵為一九〇四年諾貝爾獎得主，以表彰他發現了原子序為18的氬元素。但是研究聲音才是他的真愛，終其一生為其癡迷。有一個低頻聲波便是以他來命名——人類耳朵聽不到的瑞利波（Rayleigh wave），卻是鳥類、昆蟲與其他動物用來溝通的一種次聲波頻率。

瑞利勳爵是敬虔的英國國教教徒，他在聖保羅大教堂透過一個設計精巧的聲音實驗，來解釋密語傳輸之謎，證明了一個密語可以產生四或五個、甚至是六個回音。根據平方反比定律，聲音的強度會與距離成反比。聲音會隨著行進而消散，理論上，聲音的能量會在距離音源二倍遠的地方衰減為四分之一。不過，密語之所是唯一的例外。人們在聖保羅大教堂聽見從遠處傳來的密語聲，之所以能夠既清晰又響亮，原因就在於它的曲狀牆壁和天花板設計。

你可以猜猜這個聲音會傳去哪裡，猜得到嗎？

如同在現實世界中有密語之所，在屬靈領域也有密語之所，而我想要幫助你發現自己的密語之所——一個你可以聆聽神的地方。在這裡，神的聲音所發出的回聲最響亮也最長久。在這裡，神透過醫治和啟示、知罪和創造，向你說話。

神的聲音不受制於平方反比定律，或是任何其他聲學自然定律。神的聲音不會消失在時空中。神是物理學的原始定義者，祂當然有能力打破它們。那位創造太陽的神，也可以叫太陽靜止在原地。當然，一個莫大的諷刺是，當神打破物理學定律時，我們稱之為神蹟。命令太陽靜止的確是個神蹟，但就發生順序而言，它其實排在第二位。命令太陽靜止是神蹟，但使地球保持在軌道上運行也是。讚美吧，盡情讚美第二個神蹟吧，但也不要低估了第一個神蹟。這是一個雙重神蹟。

總而言之，我要說的是：神的聲音不會隨著距離而衰減。

對此，先知以賽亞這樣說：

從我的口所出的話也必這樣，
必不徒然返回我這裡，
卻要作成我所喜悅的，
使它在我差遣它去作的事上必然亨通。[9]

請記住，神起初說的那三個字依然在宇宙的邊緣發出回聲，向四面八方擴張之處創造星系！適用於這三個字的這個事實，也適用於每個低聲密語。當我盤點我的人生，我真切知道我所領受到的所有祝福和突破，都是神的低聲密語所發出的回聲。我也體認到，某些地方和某些姿勢能幫助我更清楚地聽見神的聲音。

與神相遇的會幕

我在念大學的時候，有一節聖經經文對我影響最為深遠。這節經文乍聽之下似乎有點古怪，卻激勵了我找到自己的第一個密語之所。這節經文的背景是在以色列人於曠野漂流的年月裡，摩西在他們聚居的營外搭建會幕。根據記載，我認為摩西既然在營外搭建會幕，他也就遠離了外界的聲音。摩西已經厭倦了以色列人不停地發牢騷、埋怨和碎唸。摩西亟需一個讓自己安靜的地方，一個密語之所。

摩西是這個故事的主角，但在故事結尾，出現了另一幕場景。

然後，摩西回到營裡去，只有他的侍從，一個少年人，就是嫩的兒子約書亞，不離開會幕。[10]

你曾對神為什麼會揀選約書亞作為摩西的接班人感到好奇嗎？起初，在摩西派去窺探迦南地（客納罕）的十二個探子中，只有兩個人回報正面的好消息，約書亞正是其中之一。[11]其他十個探子回報的都是負面的壞消息。以色列人最終因為選擇聆聽錯誤的聲音，而付上慘重的代價，在曠野漂流了「四十年」！

不過，神揀選約書亞接棒摩西還有第二個理由。神最信任的是那些對祂認識最深的人，對神認識最深的人也是花最多時間親近神的人。有鑑於約書亞從未離開會幕，他理所當然是不二人選。

我在中央聖經學院念書時，我想要成為約書亞。每一次有獻身呼召時，我都會回應。為什麼？因為我不想把神要給我的任何恩賜，留在祭壇前。我不想付出那樣的代價！我也

9 以賽亞書55章11節。
10 出埃及記33章11節。
11 民數記13章。

創造了一個「會幕」，把那裡變成我的第一個密語之所。

我每天吃完午餐後，都會溜進校園裡的小教堂。教堂裡的燈都關了，裡面空蕩蕩的，除了偶爾來巡查的管理員。我會爬上樓梯來到陽台，在那兒踱步禱告。那時候沒有運動智能手環，但我確信我在大四那個學年踱步禱告了一千英里。那裡是我學會分辨神的聲音的地方，包括有次在我靈裡出現了一個攔阻我的聲音，使我避開了一個惡劣的處境（我會在後面探討「門的語言」章節中，詳述事發經過）。

我在念神學院期間，我和妻子在伊利諾州的三一國際大學（Trinity International University）校園裡，租了一間約十一坪的公寓，這裡就是我的密語之所。我那時候還在念神學院，蘿拉已經在工作，因此公寓多數時候都是我在使用。在植堂（建立新的教會）失敗後，我就是在這裡得到了神的安慰與鼓勵，使我再次振作起來。

我曾有一個歷時最悠久的密語之所，那裡是華盛頓特區聯合車站前的一個大理石柱，全國社區教會曾在這裡聚會十三年。我會在星期六晚上來到這裡，跟神說話以及聆聽祂的聲音。

我現在的密語之所，一直是我最喜歡的一處地點，就是以便以謝咖啡屋的天台。我在這裡有很棒的屬靈領受！當你置身在神所成就的一個神蹟的頂樓，你很難沒有信心。這間咖啡屋出於神的一個低聲密語，而且祂繼續在這裡向我低聲密語。

當我第一次開始在校園的小教堂，或是以便以謝咖啡屋的天台禱告時，它們只是一個

「場所」而已。但隨著時間過去，它們變成了神的密語之所。密語之所不需要是一個多麼與眾不同或者宏偉氣派的地方。恰恰相反，它們往往就是一個像小房間那樣普通的地方，但後來變成了禱告室。關鍵不在地理位置，而在持之以恆。

只要你現身，神也會顯現！

聆聽點

一九五六年，西格德·奧爾森（Sigurd Olson）在明尼蘇達州北部的伯恩賽德湖（Burntside Lake）湖畔蓋了一間小木屋。美國人習慣為湖邊的房子命名，在這片散布著上萬湖泊的土地上，更是如此。大多數的命名都有跡可循，但奧爾森的命名有點別出心裁。他蓋這間小木屋的用意是為了能「聽見所有值得聆聽的聲音」，所以他把這間湖濱之屋取名為「聆聽點」（Listening Point）。

聆聽不是一種預設行為，聆聽是一種刻意的行動。你必須走出營外，建立一個與神相遇的會幕。你必須尋求獨處，尋求寧靜。你必須保持全神貫注，不容一點分心。而且，你必須拒聽一些聲音，或是一概不理睬。它們可能是無害的談話性廣播節目，或是社群媒體。你為什麼不趁通勤的時間關掉耳機，跟神說說話呢？或是關閉社群媒體三個月？抑或，給自己一段完全不受打擾的靈性時光？

我不想過度屬靈化一個密語之所的重要性，但我也不想過度抑制。即使不是基於屬靈需要，你也需要一個空間或地方，讓自己的身心靈獲得安寧。如果你跟我一樣住在城市裡，要有那樣的地方確實大不易。如果你有年幼的孩子，那可能是十分鐘的小睡片刻。但無論如何，你必須下定決心找出一段時間和一個地方，來安頓自己的身心。

蘇珊娜・衛斯理（Susanna Wesley）撫養十七個孩子，一家人窩在一間小房子裡，獨處對她無異是奢求。她的密語之所是房裡的一張搖椅。當她蓋上一張毛毯，搖椅就搖身一變，成為她與神相會的會幕。

或許，這激勵了她的兒子約翰・魏斯理跪在床旁禱告。

發明大王愛迪生有一張思考椅。

發明電話的貝爾（Alexander Graham Bell）有一個可以俯瞰格蘭德河（Grand River）的孵夢地。

哲學家亨利・梭羅（Henry David Thoreau）在華頓湖（Walden Pond）打水漂。

音樂家貝多芬在黎明時分，會品嘗一杯他用六十顆咖啡豆精心沖泡而成的咖啡，來開始這一天。他會坐在書桌前直到午后，然後外出散步以提神醒腦。他會把一支鉛筆和幾張樂譜紙放進口袋，以便隨時記下途中湧現的音樂靈感。

你的密語之所和你一樣都是獨一無二的，你要找出時間和地點來聆聽神。

容我問一個看似愚蠢的問題：你可曾安排一個約會，卻沒約定時間和地點？想像一下，當你問某人想要何時見面，他的回答是「隨便」。或是，你問他想要在哪裡見面，他的回答是「隨便」，你會有什麼反應？我只能說祝你好運！我欣賞彈性，但這種見面方式永遠不會發生，除非偶遇。

關鍵的決定

獨處是聆聽神的聲音的一個關鍵，這是無庸置疑的，但這需要一個平衡的力量。聆聽神的聲音不是一項個人運動，而是團隊運動。一個聆聽神的聲音的最佳方式，就是結交其他聆聽者。你的周遭是否有其他人比你更常聆聽神，也比你聽得更清晰？如果有，你要盡可能親近他們，那麼你就可能會聽到（或是無意中聽到）神的聲音。

對我而言，狄克．伊士特曼（Dick Eastman）就是這樣的一個人。我永遠無法忘記那一天，我們倆坐在我的辦公室裡，他向我娓娓道來他人生的一個轉捩點：有人給了他一捲《神聖時刻！》（*The Holy Hour!*）的錄音帶，這是富爾頓．辛恩（Fulton J. Sheen）總主教向一群修女演講的內容。錄音帶品質粗劣，狄克幾乎聽不清裡面在說什麼，但是他聽見了神嘹亮而清楚的聲音。那捲錄音帶改變了他的人生發展方向，他在聽了錄音帶後，做了一個關鍵性決定。

八十歲的辛恩總主教，是當時除了教宗之外，全美最具影響力的天主教徒。在那捲錄音帶中，他跟修女們分享了他的成功祕訣。若只聽總主教的片段談話，可能會讓人覺得他有些自負，不過，當你年紀越長，言行也會更加直率，因為你沒有時間可以浪費。辛恩說：「修女們，你們遠比我聰明。那麼，我為什麼站在這裡向妳們發表演講呢？……我會告訴妳們為什麼。」接下來，總主教如此回答自己的提問：「因為我的話語有力量。」他為何如此深信不疑？「我的話語有力量，因為五十五年來，一年三百六十五天，我每一天都會花一小時浸泡在上主的同在中。」

狄克聽了那捲沙沙作響的錄音帶之後，他深切地向神認罪悔改。當他與我分享他的故事時，已經距離那天四十多年了，然而淚水依舊在他的眼眶打轉。狄克說：「馬克，我有七天都無法跟人提及這次的經歷！」有某件事物在那一天攫住了他的靈魂。他後來做了一個關鍵性的決定，每天要花一小時浸泡在上帝的同在中。狄克把這件事當成每日必做的例行事務，持之以恆實行至今的總年數，差不多要追上了辛恩總主教。

狄克的主要事工是擔任「萬國逐家佈道團」（Every Home for Christ）的國際總會長，這個宣教組織已經在全球各地帶領了大約一億九千一百萬人，決志接受耶穌基督作他們個人的救主，以及在沒有教會的地方創立了三十二萬四千個被稱為「基督小組」（Christ Groups）的團契。他們能取得如此豐碩的成果，有什麼好奇怪呢？個中原因和秘訣昭然若揭。而且，神想要透過你「再做一次」。

找到一個聆聽神的密語之所，需要時間和耐性。

找到一個聆聽神的密語之所，需要付出努力，還要有心。

不過，我們不一定是那個能決定該在何時、何地，或以何種方式找到密語之所的人。有時候，是我們找到了一個密語之所，但有時候是密語之所自己找上了我們。

有時候，密語之所是危機迫使我們屈膝禱告之處，例如保羅（保祿）和西拉（色拉）被捕入獄期間。[12]以我自己的經歷來說，艱難的處境往往會轉變成為密語之所。我曾在大峽谷、安地斯山脈這類景色壯麗之地聽見神的聲音，卻不如我躺在華盛頓醫學中心加護病房、插上呼吸器兩天後，意識恢復清醒時所聽到的神的聲音那樣清晰。那間加護病房曾是我在凌晨時分聽見神的輕聲細語的密語之所。

有時候，密語之所是在某個慶祝的場合，例如當大衛迎接約櫃回耶路撒冷時，他在神的面前歡喜快樂地手舞足蹈起來。[13]你最近一次像大衛一樣拋開矜持、盡情地敬拜神，是什麼時候呢？

關鍵的時刻

在狄克做了這個關鍵性決定，每天要把一小時的時間獻給神之後，過了幾年，神有一

12 使徒行傳16章16–40節。
13 撒母耳記下6章14–15節。

次給他一個感動，讓他挪出一天什麼事都不要做，只要單單敬拜祂就好。他不是很確定要怎麼做，但決定趁一次前往華府的行程中試試看，因為在他的行事曆上，剛好有一天沒有排任何行程。

狄克起床後，開始在旅館的房間裡敬拜神。後來他辦理了退房也吃了早餐，但他仍要繼續敬拜神，於是他決定在環城快速道路外側找個公園，他可以在那裡漫步穿過森林深處，找個地方讓他不受干擾地專心敬拜神。狄克最後來到公園森林中的一處空地，他覺得自己想要用一種全新的方式來敬拜神。他讀過大衛在神面前跳舞的經文，但他向我坦承說：「馬克，我是在一個你不會在那裡跳舞的教會中長大的！我對跳舞一竅不通，我根本不知道要怎麼做，但我就是覺得我應該要試試看。」

狄克環顧四周，仔細確認沒有人在看他後，開始在空地上跳舞。他跳得實在是太蹩腳了，他不禁大笑出來。當他跳完後，他懷疑如此笨拙的舞蹈怎麼可能會討神的喜悅。狄克非常溫順地問神，說：「主啊，這樣可以嗎？」神以低聲密語回答他：「你不知道你剛剛讓我有多麼開心！」

我奉行章伯斯牧師的一句箴言：「讓神獨特地與人們同在吧，就像祂獨特地與你同在一般。」我不是在建議你去找一個最近的樹林空地，並且在神的面前跳舞。事實上，我有一次在白天的講道中跟會眾分享了這個故事，到了晚上我們全家外出用餐時，我竟沒來由地在餐廳裡手舞足蹈起來。我的小兒子約書亞突然迸出了一句話：「爹地，這不就是樹林中的空地！」他說得對極了。

不要只是到外面去，然後效法狄克或是你的屬靈英雄的做法。那十之八九是一種逃避或藉口。模仿而來的屬靈行為只能維持很短的時間，難以持久。學習聆聽神的聲音，然後照著祂的話去做。那可能意謂你要做一些不曾做過的事。或者，就是繼續做你現在在做的事情，但要用不同的心態去做。無論是哪一種，停止用你的盒子來框限上帝。

我有一個簡短的公式，我在我的其他著作中分享過，所以我不會在此對這個公式再做全面解析。不過，它還是值得再說一次：**改變習慣＋改變地方＝改變觀點**。有時候，一點景觀上的改變，有助我們以嶄新的方式聆聽神，而能走得更遠。所以，嘗試做些你以前從未做過的事吧。

如果你希望神能做一些新的事情，你自己就不能繼續墨守成規。你必須敢於與眾不同，那包括了以一種嶄新的方式聆聽神！而這就是學習七種神的「愛的語言」的目的。

讓我們開始吧！

PART.2

七種愛的語言

第4章

神透過徵兆來說話

神在古時候，曾經多次用種種方法……向我們的祖先說話。

——希伯來書1章1節

一八七四年八月十日，二十七歲的亞歷山大．貝爾在一處斷崖附近，坐在毛毯上俯瞰流經加拿大安大略省的格蘭德河。他把這個地方稱為他的「孵夢地」。他利用早上時間修理了一具聲波記振儀，這是一種模仿人類耳朵動作的儀器。貝爾那時候的熱情和志趣是在聾啞教育，但在一次靈光乍現中，他開始對於能否利用電流來模仿聲波、藉此傳送聲音，產生好奇，想一探究竟。

「這一天即將來到，」貝爾在寫給父親的一封家書上寫道：「電話線就要鋪設到每個家庭，就像水或瓦斯管線一樣——不用出家門，朋友之間就能互相聊天。」

這是對一個嶄新世界的大膽願景。

一八七六年三月十日晚上，貝爾和助手華生（Thomas Watson）熬夜改良電話語音傳輸的清晰度。華生就是在這個時候聽到了這句不朽的通話：「華生先生快過來，我需要你！」諷刺的是，貝爾是為了一個緊急事故而打了這通電話。他剛剛不小心把蓄電池中的硫酸溶液濺到了自己身上，這可能是史上第一通緊急呼救電話！

同年稍後，那年的世界博覽會由費城主辦。在二萬二千七百四十二件展覽品中，有縫紉機、罐頭食品、香蕉及麥根沙士。博覽會在尤利塞斯．格蘭特（Ulysses S. Grant）總統致開幕詞後正式揭幕，他邀請了一位身分顯赫的貴賓——巴西國王佩德羅二世（Pedro II）蒞臨會場。在兩個星期前，佩德羅**恰巧**到訪波士頓，而且**恰巧**遇到了貝爾。事後證明，這場會面來的真是時候，猶如天助。

六月二十五日，電氣設備頒獎委員會預計要在當天評選所有博覽會的參賽展品。誰是客座評審？正是巴西國王佩德羅二世。在熾熱的太陽高溫曝曬下，眼看比賽就要被迫喊停，但是佩德羅此時恰好瞧見了貝爾。評審周圍的工作人員有些已經耐不住高溫燒烤，把汗衫都脫了，他們希望趕快宣布中止比賽。但是佩德羅堅持他要詳細審視貝爾的展品。他把收話器拿到耳邊，貝爾則站在遠處向發話器說話，只見國王的臉上充滿驚訝的表情，驚呼：「這玩意說話了！」

約瑟夫．亨利（Joseph Henry）博士是史密森尼學會（Smithsonian Institution）第一任秘書長，也是評審之一，讚譽這項發明為「自電報之後，迄今為止最令人驚奇的偉大成就」。《紐約先驅報》（*New York Herald*）則稱譽它為「幾乎是超自然奇蹟」。

不用說，貝爾最後贏得了電氣設備的金牌獎。其餘就是歷史了，而這都要歸功於巴西國王佩德羅二世。

神說話的種種方法

如果有哪個事件被聖經輕描淡寫帶過，「神在古時候，曾經多次用種種方法……向我們的祖先說話」[1]肯定是其中之一。上帝以奇異而神祕的方式向人說話的大能，令人驚奇。祂透過荊棘叢向摩西說話。祂透過十件神蹟奇事向法老說話。祂在鯨魚腹中向約拿說話。祂透過疾病向希西家（希則克雅）王說話。祂透過星宿向巴比倫的占星家說話。祂伸出一隻手在皇宮牆上寫下「彌尼，彌尼，提客勒，烏法珥新」[2]，藉此向巴比倫國王伯沙撒（貝耳沙匝）說話。我個人最喜歡的，還是祂透過一隻驢子向巴蘭說話！

我確信，巴蘭那時候臉上的表情有點像佩德羅二世國王。如果他也說出了：「這玩意說話了！」我一點都不會感到驚訝。我想要傳達什麼？如果神可以透過巴蘭的驢子說話，[3]祂當然也可以透過萬事萬物向人說話！

我一定要澄清一件事。在強調了神以各式各樣方式向人說話後，〈希伯來書〉的作者則把重點全部放在神最偉大的啟示——耶穌基督——身上。耶穌基督是神最末後、最完整的啟示。祂是人子也是神子。祂創造了萬有，也是萬有的繼承人。祂是道路、真理和生命。[4]因著祂的聖名，萬膝都要跪拜，並且口裡承認耶穌基督為主。[5]

神今天仍然透過「種種方法」向人說話嗎？我相信，祂依然如此。我相信，神現在仍一如既往，以相同的方式向人說話，只是我們今天有了一個明顯優勢——有聖經作為我們的共鳴板。

相信「神**只透過聖經**向人說話」，是把聖經所顯明的那位神局限在聖經的字句中。確實，聖經是我們的提醒與平衡之道，神也絕對不會說出任何與聖經中那位神所顯明的良善、純全、令人喜悅的旨意相違背的事情。但是，神今天依然透過各種方式向我們說話，我們會在接下來的章節中探索這七種語言。

八種智能

三十多年前，哈佛大學教授霍華德．嘉納（Howard Gardner）博士寫了一本極富開創性的書《發現七種ＩＱ》（*Frames of Mind*）。嘉納以淺顯易懂的文字說明了多元智能理論。簡言之，人各有不同的聰明才智，嘉納的原始分類中，這些智能包含了：語言、邏輯數學、繪畫、肢體動覺、音樂、人際關係、內省和自然觀察者，一共八大類。

以下，我就舉幾個例子來加以說明。

1 希伯來書1章1節。
2 但以理書5章25節。
3 民數記22章。
4 約翰福音14章6節。
5 腓立比書2章10－11節。

莫札特還是個小男孩的時候，他有一次來到羅馬參觀西斯廷教堂（Sistine Chapel），他在這裡聽到了一段演奏音樂，原作曲家是阿雷格里（Gregorio Allegri），他聽得心醉神迷，他後來向教堂人員索取這首樂曲的副本，但是西斯廷教堂已經下令〈求主垂憐〉（the Miserere）只能在西斯廷教堂演奏，而且規定無論在什麼情況下，都不得抄寫樂譜副本給人。於是，莫札特又聽了一次現場演奏，然後以他的驚人記憶力默記了整首樂譜！我不清楚莫札特是否具備肢體動覺或是邏輯數學智能，但他肯定是音樂天才。

在計算機發明前的一百多年，查恰連斯．達斯（Johann Martin Zacharias Dase）用不到兩個月的時間正確算出圓周率到小數點第兩百位。他可以在五十四秒內算出兩個八位數相乘的答案；在四十分鐘內算出兩個四十位數相乘的答案；在八小時四十分鐘內算出兩個百位數相乘的答案。達斯可以連續好幾個星期做數字運算。他會在就寢前暫停運算，把運算過程儲存在記憶中，隔日早上起床後，又繼續精準無誤地從前一晚停止的地方接著運算下去。他有過目不忘的記憶力，只稍看一眼就能正確算出羊群裡到底有幾隻羊！我不清楚達斯是否具備音樂或人際智能，但他肯定是邏輯數學天才。

巴特．康納（Bart Connor）從小就展現了一項特異才能。他可以倒立行走，而且如同雙腳走路一般自然。他經常在派對上表演這個招牌絕技。他甚至想出了能夠順利倒立上下樓梯的技巧！倒立行走絕對不是一項吃香的技能，除非你是體操選手。我不清楚這位曾是美國男子體操獎牌紀錄的保持人，是否具備繪畫或自然觀察者智能，但他絕對是肢體動覺天才。

我們各有不同的聰明才智，這證明上帝創造了我們，我們也以不同的方式連結於神。這證明了神夠大，因此不論在哪裡，每個人都能聽見祂的聲音。當我們進入到「渴望」這個語言的章節時，我們將會透過檢視不同的人格類型來探索靈性濾網的運作方式，其中思考型和感覺型的人分別以不同的方式連結於神。內向的人和外向的人亦然。這也適用於邁爾斯－布里格斯性格矩陣（Myers-Briggs matrix）中的十六種人格類型，以及九型人格（Enneagram）和DISC四型人格。

這與聽見神的聲音有什麼關係？首先，我們每個人聆聽神的聲音的方式稍有不同。這是促使我們謙卑的首要原因。我們承認「主觀」有一定程度是取決於我們的個性和偏見嗎？既然如此，我們承認自己也會做出錯誤的臆測和出於錯誤的動機嗎？一般而言，我們聽我們**想聽**的，而對其他事情充耳不聞。如果我們不留心聽神要說的**每一件事**，到最後，我們將不會從神那裡聽到**任何事**。或許，你最需要聽的正是你最不想聽的事情。但有一件事我很肯定，那就是：神始終用**愛的口吻**向我們說話。有時候，責備或懲戒也是一種愛的管教，都是愛的體現。其實，這是一種更深的愛！[6]

第二點，神用不同的語言向我們說話。

6 希伯來書12章5–11節。

神向人說話的方式，會因人的性格而異。耶穌以不同的方式與門徒連結，如同彼得（伯多祿）、雅各（雅各伯）和約翰（若望）各不相同。神夠大，有多少人就能說多少種語言。本書會聚焦在七種愛的語言。我們會先從聖經開始，接下來，我們會陸續探索六種輔助語言：渴望、門、夢、人、聖靈督促和痛苦。

無聲的信息

海倫凱勒在十九個月大的時候，因為罹患腦膜炎而失去視力和聽力。因為聽不到，她也失去了說話能力。她成了瞎子、聾子和啞巴。海倫凱勒認為在這三者當中，耳聾是她的最嚴重身障。「耳聾的問題更深刻也更複雜，」凱勒說道：「耳聾意謂喪失了最重要的刺激——喪失了可以創造語言、活躍思想，以及使我們與人類智識相伴的聲音。」

海倫凱勒有句名言，她說：「唯一比失明更糟的事，是看得見卻沒有遠見。」或許，這句話也可以套用在那些聽得見、卻根本沒有在聽的人身上。

海倫凱勒大可以放棄她的人生，徹底與外面的世界隔絕。但她採取了相反的做法，她學會了一種另類的聆聽方式。她學會把雙手放在收音機上，來「聆聽」音樂。靠著觸覺，她練就了精準辨音的本領，她的手指聽得見喇叭和琴弦之間的不同。她也學會了用手指去感受別人說話時唇部、臉部和喉頭的運動，包括對其人生影響力僅次於蘇麗文（Anne

Sullivan）的亞歷山大・貝爾的雙唇。

我們不只用耳朵聽。

我們還用眼睛和心來聆聽。

我們由此分辨聖靈督促、人和痛苦等三種語言。

我們不只讀聖經而已。

我們還解讀渴望、門和夢。

有一種方法可以幫助我們思考聖經之外的六種輔助語言。

一九七一年，亞伯特・麥拉賓（Albert Mehrabian）出版了他的新作《無聲的信息》（*Silent Messages*），書裡包含了他在非語言溝通上的開創性研究。他發現，在撇除語言之後，我們對各種溝通方式的可信度分別是：百分之五十五的比重給了肢體語言、百分之三十八給了語氣或音調，文字則只給了百分之七。

聖經屬於文字溝通，其中神的啟示當然遠超過百分之七。聖經「在教訓、責備、矯正和公義的訓練各方面，都是有益的」[7]。但神也透過肢體語言向人說話——祂的身體，就是「教會」。我稱此為「人的語言」。神也透過不同的語氣說話，包括「渴望的語言」和「痛苦的語言」。但論到闡釋肢體語言和語氣，我們亟需分辨的能力。

7 提摩太後書（弟茂德後書）3章16節。

我們需要分辨能力，以辨認出關上的門和開啟的門。

我們需要分辨能力，以辨認出神所賜的異夢。

我們需要分辨能力，以辨認出哪些渴望是出於神。

我們需要分辨能力，以遵行神的督促。

我們需要分辨能力，以正確看待痛苦。

我們需要分辨能力，以讀懂人的心思意念。

然而，「屬血氣的人不接受神的靈的事，因為他以為是愚笨的；而且他也不能夠明白，因為這些事，要有屬靈的眼光才能領悟」[8]。

「分辨」（discern）這個字源自希臘字 *epignosis*，意思是「第一手獲取的知識」。這意謂親身經歷。換句話說，街頭智慧強過死讀書，而且這種實務智慧會與時調整而得到完善。但你知道學習新語言的最快速方法嗎？不是坐在教室裡，也不是看書，而是採取「完全沉浸式學習」。也就是說，你要讓自己置身在只聽得到和只能說這種語言的環境中。

這種方法也適用於學習這七種語言。你必須跳進深水區，然後開始學游泳。

反覆核對徵兆

我們在國會山的教會堂址，距離高立德大學（Gallaudet University）僅隔幾個街區，這所大學是全世界第一所聾啞高等學府。因為地利之便，從我們開堂的第一天起，就有許多聾啞教友參加全國社區教會的聚會。我很感謝我們的手語同工，透過手語把我的講道即時傳達給他們。

上帝可以用聽得到的方式向人說話嗎？當然可以！但是祂常常用「徵兆語言」向人說話。我知道，這會讓那些努力遵行「律法的字句」的人感到有些不安，我可以理解。徵兆可能是主觀的，因此，我們更喜歡**唯獨以聖經為依歸**。但這有個問題：在聖經裡，上帝確實透過徵兆向人說話，這成了我們的先例。要過著聖靈引導的生活，徵兆是不可或缺的。

如果我們忽視了神在我們人生途中所賜下的徵兆，無異錯過了經歷神蹟的機會，或者更糟，我們會變得像彼拉多一樣，輕忽了神在他的妻子夢境中所給的徵兆，[9]反成了仇敵的幫凶使其詭計得逞，卻不自知。

神有無限的能力以徵兆或神蹟奇事向我們說話。它可以明顯如荊棘叢、奇特如巴蘭會說話的驢子，或是隱微如微聲細語。但一般而言，上帝透過**祂所預定的神聖相遇**和**時間**向人說話。我稱之為「超自然的同步性」（supernatural synchronicities）。儘管要分辨那究竟是巧合還是神旨，並非易事，但我堅信，神是有策略地使用「對的人」在「對的時間」把我們放在「對的地方」。我已經預備好，要站立在神的應許之上。

8 哥林多前書（格林多前書）2章14節。
9 馬太福音27章19節。

神正在預先安排各樣的善事。[10]

神正在指引你的腳步。[11]

神正在使萬事都互相效力，叫愛神的人得益處。[12]

徵兆需要被解讀，但也很容易做出錯誤的解釋。因此，這裡有一個重要的經驗法則：以聖經為本，反覆檢核你對徵兆的解釋。我知道許多人拿神的主權為藉口，來為自己的罪行開脫，因為他們把誘惑和機會搞混了。只因為罪來敲你的大門，並不表示神給了你通行的綠燈。如果你放棄了自己的誠信正直，那不是「機會」。

如果雅各的兒子約瑟（若瑟）接受這種錯誤的邏輯，那麼他會受到主人波提乏（普提法爾）妻子的誘惑而與她上床。[13]當然，他如果這樣做了，就不會受到誣陷而下到監牢，卻會導致兩個遭受飢荒的國家從地球上消失，因為約瑟將會失去與一位同室囚犯的神聖相遇，這次的相遇又會促成另一次神聖的相遇——受到法老的召見。我的重點是什麼？我們無權決定神的主權。與其把精力花在想方設法釐清未來，倒不如專注於此時此地就做對的事情。

神永遠不會引導我們做出與與聖經中那位神所顯明的良善、純全、令人喜悅的旨意相抵觸的事情。換言之，在運籌帷幄的不是聖經，而是聖靈。聖經不會指明我們該去**這裡**或**那裡**。聖經也不會向我們指出做**這個**、**那個**或**其他事情**之間的細微差異。雖然聖經的真理不受時間限制，但它不會指明**現在**或**之後**才是行動的時機。聖經是我們的指導方針，但聖靈才是我們的引導者。

一種新的語言

還記得耳鼻喉科醫生托瑪迪斯醫治了一位歌劇演唱家嗎？他唱不出自己聽不到的音符。托瑪迪斯醫生後來遇到了十分類似的病例：一群威尼斯歌劇的演唱家們無法用舌尖發出「R」的音。我對這個問題心有戚戚焉，即使我已經學了四年西班牙語，我還是無法發出彈舌音，所以我在說「perro」（公狗）這個西班牙字的時候，聽起來平淡而乏味。

這個問題對於威尼斯歌劇的演唱家而言，尤其嚴重，因為義大利文歌詞裡有許多「R」這個音。他們的發音不是「R」而是「L」，聽起來就和我講的西班牙語一樣蹩腳。為什麼他們唱不出「R」的音？因為在他們所說的威尼斯方言裡，沒有這個音。他們唱不出是因為他們不熟悉這個發音。

為了補救這種情況，托瑪迪斯醫生做了任何一位好老師都會做的事情。他採取一種有

10 以弗所書（厄弗所書）2章10節。
11 箴言16章9節。
12 羅馬書8章28節。
13 創世記39章。

效的老派做法——反覆練習。練習加上耐心，這些歌劇演唱家學會了聽「R」的發音。一旦他們能聽了，也就能唱了。

沿襲喬姆斯基（Noam Chomsky）一派的語言學家，主張語言不只是一種遠古本能，還是一項「特殊天賦」。我認同這個觀點。狗會吠叫，牛會哞叫，嘲鶇會唱歌。但是我們人類透過聽和說而學習語言的能力，卻是上帝獨一無二的創造。因此，我相信這種能力是上帝形象中的一項特質。所以，愈發有上帝的形象，在語言的說和聽上便愈發管控得宜。但聽先於說。有鑑於上帝給了我們兩個耳朵一個喉頭，可見聽比說更重要兩倍。

這七種愛的語言是屬靈語言，但它們確實是**語言**。是什麼原因使我們認為，學會這七種語言要比學英語或阿拉伯語更輕鬆也更快速？羅馬不是一天造成的，你當然也不會在一夜之間就學會義大利文。

嬰兒在能夠清晰說出和父母相同的發音之前，一定是聽了爸媽反覆說了數千遍才學會的。嬰兒要能清楚說出第一個有意義的單字，大約需要九到十二個月的時間。一歲大的嬰兒平均只會說五個單字。但這個時候，正是他們語言大爆發的開始。到了六歲，一般的兒童平均已經累積了一萬四千個單字！

學習一種新語言，一開始會讓人感到有些氣餒。而且，學習新語言必須願意讓自己的發音聽起來有點可笑。不過，只要你能持續不間斷地聽，語言的大爆發終會發生。

我無法承諾這是一個輕鬆過關的過程，但我希望你能樂在其中。學習的關鍵之鑰就是熱愛學習。這一點也適用於聆聽神的聲音，始於渴望聆聽神、喜愛聆聽神的聲音。

在某個時刻，大多數人變得安於二手靈性。但是聆聽那些聆聽神的人的聲音，絕對替代不了你自己去尋求神。如果你變得要倚賴別人以得到激勵，這種行為被稱為「靈性共依附」（spiritual codependency）。

神想要向**你**說話。

沒錯，就是你！

最後再給你一個忠告。

由於每個人的屬靈背景不同，對某些人而言，這七種語言中有些看起來像是外國語言。這意謂他們需要花比較長的時間來學習這些語言。但是，最重大的發現往往就存在於這些「外國語言」中。

我成長於一個不承認大齋期或四旬期的教會。事實上，我好不容易升上了神學院二年級，卻對什麼是聖灰星期三[14]一無所知。我不是在課堂上發現自己的無知，而是在參加歐普拉電視脫口秀的錄影現場時發現的！在節目正式錄影前，製作人出來跟觀眾做了簡短的錄影注意事項說明，我那時候轉過頭跟蘿拉說：「他的額頭上有髒東西。」我當時忍不住大笑了出來，因為我實在無法置信一個電視製作人竟然沒有注意到他的額頭上有髒東西。

14 譯注：Ash Wednesday，聖灰星期三是四旬期的第一天，這天傳統教會會舉行塗灰禮，神父或牧師會把聖灰塗在教友額頭上。

套用皇后合唱團歌詞中的一句話：「你搞得灰頭土臉，狼狽至極。」唉！其實鬧笑話的是一個不知道那天是聖灰星期三的神學生。

在我開始以一種有意義的方式遵行大齋期之前，我進入到人生的三十代階段。這些年來，大齋期變成了我的靈性催化劑，藉此調節我的年度靈修生活節奏，但它畢竟不是伴隨我成長的屬靈方言的一部分。因此，我必須學習這個新單字，而我從此喜歡上了這個節期。

這是我為你所做的禱告——希望你能在接下來的書頁中，學會以一種嶄新的方式分辨神的聲音。

神透過聖經向人說話。那是我們的起點。祂透過門、夢和渴望向我們低聲密語。祂透過督促、痛苦和人與我們交談。對你而言，其中一些語言說起來會比其他語言更自然，但我保證有些方法可以提升你的單字量，而能讓你更流利地說出所有這七種語言。

第5章 聖經——最關鍵的鑰匙

第一種語言

聖經都是神的呼出……[1]

——提摩太後書3章16節

一七五五年四月十四日，布雷多克（Edward Braddock）將軍沿著波多馬克河逆流而上，來到一處寂靜的河岸小城。

英國軍隊長期在此停泊駐紮，而且延攬了一位新兵，是一個來自維吉尼亞、名叫喬治·華盛頓的二十三歲農場主，他在慘烈的莫農加希拉河戰役中擔任布雷多克的副官，而且奇蹟似地生還。兩匹馬中彈倒在他的腳下，四顆子彈穿過他的外套，華盛頓不僅聽到火槍的子彈從耳邊劃過，他還聽到了微小的聲音在他耳邊低語。「死亡毀滅了我周圍的同袍，」華盛頓在寫給哥哥的一封家書上寫道：「但是靠著那位全能上帝的安排，我得到了庇佑。」

現在，讓我們回到布雷多克將軍下錨上岸的地方。在這個以華盛頓來命名的城市裡，

1 譯注：為貼近原文，此處引自《恢復本聖經》。

就在憲法大道轉往羅斯福大橋的地方有個其貌不揚的石頭，它的旁邊豎立了一塊小型的歷史紀念碑。石頭頂部加蓋了一個人孔蓋，裡面架設了一個梯子。在人孔蓋下方十六英尺深的地方是一塊岩石，取名「布雷多克之石」。它標誌著這裡是布雷多克將軍第一個上岸的地點，也是首都地區最古老的地標。

根據傳說，這塊岩石有一部分被用來當作白宮和國會大廈的奠基石。但這塊岩石的真正意義，是它被拿來當作繪測華盛頓特區的起始點。在古老的地圖上，它被題寫為「鑰中之鑰」。這是獻給布雷多克之石的名字，因為它確立了整個城市的座標系統。每一條主要的經線和基線都是從這個初始點開始測量的。

不論我們是否知道這個典故，我們都有一把「鑰中之鑰」。「認識論」（epistemology）是哲學的一個分支，目的在探索知識的本質。它問一個問題：「我們怎麼知道我們知道？」不論我們是否有意識要建構這個問題，我們都有一個認識論的起始點，藉此全面檢視我們的人生。我們由此確立自己的道德基線、在對與錯之間劃出界限。

對某些人而言，這個起始點猶如時下流行的風潮，來得快，去得也快。對其他人而言，它猶如科學方法般牢固。對我而言，這個起始點則如聖經般經得起時間的考驗，而且真實無誤（我不認為這有任何不妥而必須為此道歉）。聖經不僅是我的起點，在碰到信仰和教義的問題時，聖經也是最終的權威。我相信聖經是神的話語，是神所默示的——是終極的真理。

我們今天所面臨的一個挑戰是，我們生活在一個「寬容」（tolerance）被高舉在「真理」（truth）之上的文化環境裡，指出不對的事情會被視為錯誤的行為，我認為這是不對的。我希望自己能被眾人所知，是因為我**支持**了什麼，而不是**反對**了什麼。而且，真理不該被當作武器使用。

但是，這種認為「每一個人都是對的，沒有一個人是錯的」的主張，就和假裝每一個人都是贏家，沒有一個人是輸家一樣愚蠢。我們不要自欺欺人了，每個人都知道美式足球運動員心中都有一個記分板！即使「不記分」的做法在少棒聯盟的賽事中行得通，卻不適用於現實生活。當真理被獻祭在寬容的祭壇上，表面上每個人似乎都是贏家，實際上，每個人都是輸家。上帝要求我們遵行一個比寬容更高的標準，那個標準就叫真理，真理總是伴隨著恩典。[2]

恩典的意思是，無論如何我都愛你。

真理的意思是，無論如何我都對你誠實。

那是我的零度經線。

我現在要把時光稍微往前倒轉。

2 約翰福音1章14節。

珍寶之書

我有一項二十五年的嗜好，故事始於我在大學期間讀了一本厚達八百頁的愛因斯坦傳記。我從此迷上了書，我開始閱讀任何到手的讀物。我會如此沉迷於閱讀，有部分原因是出於愛因斯坦在書裡的忠告：「永遠都不要失去神聖的好奇心。」另外的原因則純粹是基於個人需要。

我剛開始牧養全國社區教會的時候，我在牧會和人生經驗上，都是經驗不足的新手牧師。我的牧會履歷就是一次夏天實習和一次失敗的植堂經驗，沒別的了。至於我的人生經歷，累積起來只有短短的二十五年，而且受到良好的保護。因此，我必須竭盡所能大量借用別人的經驗，我的方法是透過閱讀來彌補自己的不足。

當時，我聽說一個作者平均投資兩年的人生經歷在他們所寫的每一本書上，我由此領悟到，我從我閱讀的每一本書中汲取了兩年的人生經驗。我在二十代階段，平均一年讀超過兩百本書，換算下來，我等於每年就獲取了四百年的人生經驗！至今為止，我起碼讀了三千五百本書，換算成「書本年齡」，我至少七千歲了！

簡言之，我愛書。不過，有一本書自成一類，那就是聖經。至少有兩件事使得聖經絕對是獨一無二的。

首先，聖經是「活的、有效的」[3]。你不僅是在讀經而已，聖經也在讀你。那位啟示了古代聖經作者寫下聖經書卷的聖靈，與當今人們在讀聖經時啟示他們的聖靈是同一位。在這個等式的兩邊都有聖靈的同在。使徒保羅形容聖經是「神的呼出」[4]。我們在閱讀聖經的時候，我們是在吸進聖靈在數千年前的呼氣。我們正在聆聽神呼出的微聲細語。

第二點，聖經深不可測，你永遠觸不到它的底。根據猶太拉比的傳統，聖經中的每一個字都具有七十種面向和六萬種意義。換句話說，聖經是萬花筒。不論你讀了多少遍聖經，它永遠不會過時，因為聖經不受時間影響，永遠合乎時宜。

聖經是由時間橫跨一千五百多年、超過四十個作者、用三種語言、在三個洲際大陸上共同寫成的。這些作者的身分從農民、漁夫、國王到詩人、先知和戰俘都有。聖經幾乎把太陽底下的每一項主題都涵蓋了——法律和歷史、詩篇和預言、宇宙學和神學。然而，儘管它觸及到了數百種具爭議性的主題，卻不會自我牴觸。[5]事實上，讀聖經就像是在讀一本首尾連貫的書，因為它有一位真正的作者——聖靈。

我們現在把聖經視為理所當然，我想那是因為我們可以從琳瑯滿目的數十種不同聖經譯本中，取得我們想要的聖經版本。但是，我們不要忘了一個事實：古代的聖經抄寫員把

3　希伯來書4章12節。
4　提摩太後書3章16節。
5　我承認，這是一個有爭議的聲明。儘管聖經中有些明顯的矛盾，但在我看來，它們已經透過許多方式獲得解決。我不會在本書表示深切的歉意，但是我希望心存質疑的讀者即使不同意我的看法，仍會繼續閱讀本書。

一生時間都奉獻在抄錄一本聖書上，而像約翰．威克里夫（John Wycliffe）和威廉．丁道爾（William Tyndale）等聖經譯者，則畢生致力於翻譯聖經。

我最珍視的寶貝是一本破舊的聖經，那是我的外公艾爾默．強生（Elmer Johnson）的遺物。這本聖經是一九三四年出版的《湯普森串珠聖經》（*Thompson Chain-Reference Bible*）第三修訂版，書頁因為翻閱而磨損脫落，我的外公最後不得不把嚴重脫落的書頁重新黏合起來。我喜歡讀他劃線的經句，還有在空白處寫下的筆記或注解。這聽起來或許有些玄妙，但是這本聖經以一種心靈相通的方式，把我和外公連結了起來。而且，這本翻爛了的聖經見證了他為何能過上心滿意足的人生。這使我想起了司布真牧師（Charles Spurgeon）說過的話：「書頁脫落的聖經，通常有個人生不脫落的主人。」

盲目崇拜聖經

把聖經讀完是最佳的屬靈操練，要分辨神的聲音，沒有比這個更好的方法了。神學家巴刻（J. I. Packer）曾說：「一個名副其實的基督徒，應當每年要讀完一遍聖經。」大多數的基督徒都無法達標，但我們對此實在無力反駁，不是嗎？不過，我也要提出一個警告。讀經的目的不在於是否把聖經讀完，而是透過讀經使我們明白聖經的真理。

有一種令人匪夷所思的偶像崇拜被稱為「聖經崇拜」（bibliolatry）。這種行為把聖經本身當作目的，而非達成目的的方法。具備聖經知識的目的，不僅是為了獲得聖經知識而已，畢竟「知識會使人自高自大」[6]。讀聖經真正的目的，應該是幫助我們學會分辨和回應天父的聲音，而能與神發展出越來越親密的關係。

但別誤會了，聖經其實也會遭到誤用和濫用。你不用捨近求遠，只要看看撒但是如何使用聖經經文試探耶穌就好。「祢若是神的兒子，就吩咐這塊石頭變成食物吧！」[7]有鑑於耶穌那時候已經禁食了四十天，這種行為實在卑劣。但是，當我們使用真理去霸凌別人，我們其實也好不到哪兒去。確實，聖經是我們的寶劍。它是我們最好的攻擊武器，也是最好的防禦武器。但是當我們曲解聖經的真理，就是在濫用聖經。還記得耶穌是如何回應撒但的嗎？祂正確地講解真理的信息：「人活著，不是單靠食物。」[8]

我們要留意保羅的忠告：「你應當竭力在神面前作一個蒙稱許、無愧的工人，正確地講解真理的道。」[9]如果我們無法正確地講解神的話，我們就是在分裂基督的身體。而那樣做是與「聖潔」（holiness）背道而馳，聖潔意謂「完全」（wholeness）。

我有一個常與人分享的簡明公式：**聖靈＋咖啡因＝令人驚嘆**。身為擁有一間咖啡屋的

6 哥林多前書8章1節。
7 路加福音4章3節。
8 申命記8章3節。
9 提摩太後書2章15節。

教會的牧師，我這麼說不是在開玩笑。我的辦公室就在咖啡屋的樓上！不過，這裡有一個更嚴肅的方程式：**聖經－聖靈＝聖經崇拜**。當你把聖靈從這個方程式移除，你的聖經裡只剩律法的字面意義。律法的字面意義是死的，不會予人生命。你最終只會淪為一個和法利賽人一樣的法匠而已，信仰著被稱為「條文主義」的死氣沉沉宗教。

聖靈的工作之一是甦醒（quickening），這就是資訊和轉化之間的差異。諷刺的是，這和用於描述身體復活的字彙是同一個字。[10]與此非常類似的是，聖靈用神的話（聖經）電擊我們的靈，所以我們每次讀經的時候，我們的靈就會在神的話裡一點一點地甦醒。

聖靈使夢想復活。

聖靈甦醒我們的信心、盼望和愛。

聖靈履行我們已經放棄了的神的應許。

應許的轉移

一九九六年八月十六日早上，我才讀了〈約書亞記〉一章三節，神就使一個應許再度活了起來，它從書頁中躍出，進入我的靈：

> 你們腳掌踏過的每一處地方，我都照著我應許摩西的賜給你們了。

當我讀到神的這個應許時，我覺得自己受到聖靈督促，要一路沿著國會山的周圍，展開行走畫圈的禱告。神在之前已經呼召我們要牧養這個地區。於是，我立刻展開一趟大約七．六公里的行走畫圈禱告，我在另外一本書《勇敢告訴神，讓祂成就你的夢想》中對此有詳細描述。當我做那個禱告時，我從未想過我們會擁有一件不動產，那不是我的本意。但神的意念高過人的意念。二十年後，我們在那個用禱告圈出的地界裡，擁有了六處不動產，總價超過五千萬美元。這純粹是巧合嗎？我不這麼認為。

這些神蹟中的一個，是坐落在城中某街區一座已有一百二十五年歷史的城堡，我們用二千九百萬美元買下。起初，我在二十年前對這種標價連想都不敢想，到今天依然如此。但是，在我做了那個畫圈禱告後，我們簽約買下這筆房地產絕非偶然，從簽約到今天已經過了十八年。我的重點是什麼？我要說的是，這六筆不動產中的每一筆都曾是神的一個低聲密語。那個甦醒的應許至少產生了五百萬美元的淨利，而且繼續在創造複利中。

我知道，有一些人主張那個應許是給約書亞的，不是給我。相信我，我並不認同神的應許就像是把兔子從帽子裡拿出來，然後武斷地宣稱他擁有神的應許。但我要把時間稍微往前倒轉。這個應許一開始甚至不是給約書亞的，而是給摩西的。所以，這裡出現了一種轉移。正如神把那個應許從摩西轉移給約書亞，祂也把那個應許從約書亞轉移給我。

10 羅馬書8章11節。

如果那樣的轉移看起來更像是延伸，那麼記住〈哥林多後書〉一章二十節是怎麼說的：「因為神的一切應許，在基督裡都是『是』的。」換言之，只要你在基督裡，所有神的應許都是你的。神的每一個應許上面都刻有你的名字，而聖靈則會在不同的時間，甦醒不同的應許。這是神用低聲密語向人說話的方式之一。

當基督再來時，聖靈會使我們的枯骨復活。被埋葬在地底一．八公尺深處的枯骨會破土復活，而已經火葬的骨灰將會再次組合重生。但神用更多不同的方式甦醒人心。有時候，那是一個使我們大受激勵或震動的意念。有時候，那是一個督促，鼓舞我們要憑信心採取行動、參與或是退出。有時候，那是一個適時出現的合宜話語。有時候，那是從聖經裡跳出的一節經文，進入你的靈裡。

〈詩篇〉一一九篇二十五節說：「求祢按著祢的話把我救活過來。」在英文版聖經裡，「救活」（quicken）一詞在〈詩篇〉一一九篇中重複出現了不下十一次。聖經一再重複提及的事情，我們至少要聆聽兩次。

以下這件事聽起來可能有些離奇，但我要用一種有助於你不會忘記的方式，描述這幕畫面。前一陣子，我拿著電視遙控器不停地轉台，在轉到重播的電影《不可能的任務3》時，我停了下來，湯姆．克魯斯在電影中扮演不可能任務情報局（IMF）的探員伊森．杭特，那幕畫面是他被人從鼻孔注射進一個微型炸彈，直接植入到他的腦中——很抱歉，我用了一幕有點怪異的恐怖畫面當作例子，但是，聖靈的甦醒工作就像是一個真理炸彈植入到你的腦、心和靈中。當你把神的話存記在心，你永遠不會知道聖靈會在什麼時候使真理的炸彈爆炸。而那是一件好事！

我接下來要闡述，神的話是如何在我的生命中發揮功效的。通常，我會按照我的讀經計畫閱讀聖經，每次讀經時，我會翻開聖經至前次結束的地方，然後開始往下讀，一直讀到使我暫停下來的經文。有時候，那是令我困惑的經節，那麼我會另做其他的研究。有時候，那是使我知罪的經文，使我向神認罪。有時候，那是一個禱告的督促。

有件事，我要在此稍作提醒。有些人會使用「翻開來隨便一指」的方式來讀經，像是有人想尋求一點激勵，於是隨意翻到了一頁聖經，然後用手一指，指到了一節經句說：「（猶大）離開，出去吊死了。」[11]這段不是很鼓舞人，於是再試一次，這次指到的經句是：「你去，照樣作吧。」[12]

我高度推薦一個更有系統的讀經方法。你可以從「YouVersion」這個聖經APP下載一份讀經計畫，然後按表操課把聖經讀完一遍。我甚至推薦每隔幾年就換一個譯本，以保持對聖經的新鮮感。無論如何，進到神的話中，神的話就會進到你裡面。那麼，聖靈就能在祂想要的時間和地點，以祂的方式使神的話再度活了起來。

11 馬太福音27章5節
12 路加福音10章37節。

比大腦皮質更深層

丹尼．麥克納布（Denny McNabb）才二十八歲，就因為心律不整導致心臟衰竭。經過搶救後，他雖然恢復了心跳，但缺氧十分鐘對他的腦部造成了無法回復的傷害。這位東中伊利諾州校園團契的副總幹事，失去了記憶力，連帶地，也失去了他的人生歷史和個性。丹尼在三十天後從昏迷中甦醒過來，但不認得家人和朋友。他一再重複問相同的問題。他的大腦現在猶如不沾鍋，什麼事物都沾不上去。

我的朋友也是我的屬靈父親狄克．佛斯（Dick Foth）原本和丹尼約好要在那天見面，在丹尼心臟病發後，那場約定變成了長達數月的醫院探訪，以及對某些問題的痛苦質問。其中一個主要問題是：「上帝怎麼會讓這樣的事情發生？」有一天，佛斯把心中的沮喪發洩在醫院的電梯上，差點把手打斷。這時候，他聽到了上帝輕柔而微小的聲音，說：**佛斯，你問我的任何問題，我都能處理，你只是沒有一個夠大的架構來回答你的問題。**

我們會在後面探討「痛苦的語言」時，對一些棘手的問題做更深入的探討。不過，我要在此引述路益師（C.S. Lewis）說過的話，他說：「一個凡人能把上帝問倒嗎？我認為，那實在是輕而易舉。在我看來，所有愚蠢問題都是無法回答的。一英里有多少小時？是黃色正方形或圓形？或許，我們所問的問題中有一半——即使我們問的是最偉大的神學和形而上問題——都是如此。」

我認為，路益師的意思是我們往往都問錯了問題，因為這些發問都是建立在一個小型參考架構上。你我的聰明甚至連問對問題都做不到，因為我們在有限的範疇裡思考事情。

在丹尼心臟病發半年後，有一次佛斯前往醫院探望他。佛斯突然心血來潮（或說他在聖靈的感動下）說：「丹尼，你還記得這個嗎？『神愛世人，甚至把祂的獨生子賜給他們』……」狄克停下來，沒有繼續往下唸。失憶的丹尼先是露出恍惚的表情，接著，他緩緩地說：「……如果我信祂的話，就不再死。」[13]佛斯幾乎不敢相信自己的耳朵。「那你還記得這個嗎？」他說，然後開始唱起：「我深知耶穌愛我，因為聖經如此告訴我。」丹尼繼續接唱，直到歌曲結束都沒有走調。

主向佛斯說出了這個簡單卻深奧的真理：人的靈比大腦皮質更深層。佛斯在病房裡流淚哭泣，這句話烙印在他心中。換句話說，即使大腦皮質受損，聖靈依舊可以與我們交流。或許，這就是〈希伯來書〉作者所要傳達的觀點：「（神的道）比一切兩刃的劍更鋒利，甚至可以刺入剖開靈與魂，關節與骨髓。」[14]

將近二十年後，佛斯在戈登康威爾神學院（Gordon Conwell Theological Seminary）的一次教會服事中，提到這個故事。在服事結束後，有個年輕的神學生跑來找他：「我在一個地方教會實習，在過去的一個星期，我被派去一間安養院探訪富瑞狄瑞卡女士。」富瑞

13 約翰福音3章16節。
14 希伯來書4章12節。

狄瑞卡女士九十多歲，罹患重度失智。她經常側躺在床上面對著牆壁連續幾個小時，口中噥噥喃喃，發出無意義的音節。

那就是這名神學生到安養院探望她時，所看到的情況。他見富瑞狄瑞卡女士對自己的話沒有反應，便告訴老太太，他在禱告完後就要離開了。這時，富瑞狄瑞卡女士翻過身來，說：「年輕人，在你離開前，我有話要跟你說。」她開始引述〈詩篇〉一一九篇，這是〈詩篇〉中最長的一篇。他趕緊把聖經翻到〈詩篇〉一一九篇，順著她唸出的經文逐節往下讀。富瑞狄瑞卡女士逐字複誦了一百七十六節的所有詩句。背完，她又轉過身去，繼續無意義的喃喃自語。

我完全無法理解為什麼丹尼會在二十多歲的年紀就心臟病發，或是為什麼富瑞狄瑞卡女士會在九十多歲時罹患重度失智，但我們不會因此而迴避痛苦的語言。要去分辨這種語言，一點都不容易，但耶穌經歷過心碎，祂理解這種語言。我們在後面的章節會再回到痛苦的語言，但先讓我們專注在這點上：儘管我們可能永遠參透不了聖經，但聖經卻參透了我們。聖經刺透我們的魂與靈，它剖開我們的關節與骨髓。聖經猶如一種靈性超音波，顯明我們心中的思想和意念。

神的話（聖經）比最持久的記憶更持久，比最強大的想像力更強大。它也比大腦皮質更深層。但是我們必須效法〈詩篇〉作者：「我把祢的話藏在心裡，免得我得罪祢。」[15]

重新定義的畫框

在《納尼亞傳奇：黎明行者號》（*The Voyage of the Dawn Treader*）當中有一幕奇幻的場景，一幅在公海上行駛的船隻的繪畫，幻化成真。當海水從畫中流到房內時，一個令人厭煩的小男孩尤提斯糾纏他的表姊露西和表哥艾德蒙不放，因為他們竟然愚蠢地相信真有一個叫做納尼亞的地方。

這次，這些孩子一改之前的做法，捨棄衣櫥，改用畫框作為穿越通道進入納尼亞。這個畫框是他們通往另一個迥異的現實的入口，一個被稱為「納尼亞」的世界與一隻名為亞斯藍的獅子。這個畫框重新界定了可能性。這個畫框重新定義了他們是誰——平凡的男孩和女孩，變成了國王和女王。

聖經就是我們的畫框。聖經重新定義了我們的可能性——「我靠著那加給我能力的（基督），凡事都能作」[16]。聖經重新定義了我們的現實——「神為愛他的人所預備的，是眼睛未曾見過，耳朵未曾聽過，人心也未曾想到的。但神卻藉著聖靈把這些向我們顯明了」[17]。聖經也使我們想起我們究竟是誰——「凡接受祂的，就是信祂名的人，祂就賜給他們權

15 詩篇119篇11節。
16 腓立比書4章13節。
17 哥林多前書2章9-10節。

利，成為神的兒女」[18]。

我擔心，聖經對某些人而言就像是掛在牆上的畫飾，偶爾會瞄上一眼，但也只是把它當作一幅美麗的圖畫在觀賞，再怎麼看，情況也不會改變。為什麼會這樣？因為我們只是在讀聖經，而沒有**實行**聖經的教導。只有積極遵行聖經的教導，聖經才會活了起來。

聖經就和神在創世時說出的這三個字「要有光！」一樣大有能力，這句話至今仍然在創造星系！聖經就和一個字「以法大」一樣大有能力，這個字開通了聾子的耳朵和氣喘病患的肺部！先知以賽亞說神的話必不徒然返回，先知耶利米（耶肋米亞）則說神要留意祂的話使其成就。[19]所以，讓我們不要只是讀聖經，而是要堅立在聖經上。更重要的是，讓我們活出聖經的真理。

要進到神的同在中，一個最萬無一失的方法，就是進到神的話語中。這會改變我們的思考方式、感覺方式、生活方式，以及愛人的方式。

「你們若住在我裡面，我的話也留在你們裡面；無論你們想要什麼，祈求，就給你們成就。」[20]無論你們想要什麼？沒錯，無論你們想要什麼。但是這裡有個重點：如果神的話確實住在你裡面，你不會想要在神的良善、可喜悅和純全的旨意之外的任何東西。關於這點，我們會在探討「渴望的語言」章節中有更詳盡的闡述。總而言之，神的話會潔淨我們的渴望，直到神的旨意成為我們唯一的渴望。

上帝不是瓶中精靈，我們的願望不是祂的命令。恰恰相反！隨著我們在神的恩典中長進，祂的命令成了我們唯一所願。

在英王欽定版聖經裡，「住在」（或譯為「常在」）這個詞在〈約翰福音〉十五章中重複提及了九次。這是聖經中具有七十種面向的詞彙之一，意謂一種連續性的動作。它有很多意思，其中一個意思是「受到感動」，這是聖靈喚醒我們靈魂的方式之一。它的意思也是「站立不動」，就是你的雙腳要堅定站在神的應許之上，拒絕後退或走開。它的意思還是「整夜相伴」，你最近一次徹夜禱告、敬拜和讀經是在什麼時候？此外，它的意思還有「居住」，因為神不僅要居住在我們裡面，祂還要窮盡永恆的時間和我們在一起。

聽見神的聲音，從甦醒開始。如果你想要聽見神平靜而微小的聲音，「常在」與「住在」就是關鍵。聽見神的最後關鍵，則是起而行。聽了卻不去做，說好聽一點是道聽途說，最糟的狀況則是偽善。我們一定可以做得比那更好。

聖言誦禱

我們的心靈狀態會產生不同的腦波，最常見的一種是β波，它的震盪頻率每秒介於十

18 約翰福音1章12節。
19 分別參考以賽亞書55章11節；耶利米書1章12節。
20 約翰福音15章7節。

四至三十赫茲之間。β波與正常的清醒意識狀態有關，包括煩擾不安和主動專注。當我們放慢心靈，就會進入一種放鬆狀態，產生震盪頻率每秒介於八至十三赫茲之間的α波。安靜閉目又會讓α波增加，這或許就是我們會用這種方式禱告和冥想的生理性證據。

我們讀經的步調並非沒有意義。老實說，當我讀到讓我感到扎心、知罪或困惑的經文時，往往會加快讀經的速度。其實，此刻正是我需要放慢速度、更加仔細聆聽神的時候。一些真理只有透過沉思默想才能領會。你必須確實使自己處在對的波長上。當你感覺到自己讀經的速度過快時，記得放慢速度。

有廣度地讀經被稱為「連續誦讀」(lectio continua)。

有深度地讀經被稱為「聖言誦禱」(lectio divina)。

天主教本篤會有一種古老的操練，被稱為「聖言誦禱」，這是一種用來分辨神的聲音的做法。這項操練有四個步驟——誦讀、默想、祈禱和默觀。有人把聖言誦禱比喻為進食，我喜歡這種隱喻。

誦讀就是吃第一口。可惜的是，大多數人在此就打住了。步驟二是默想，藉此細嚼經文的字句。我們不是在剖解神的話，而是讓神的話剖解我們。步驟三是祈禱，在祈禱中品嘗神的話。你最近一次純粹是為了享受神的話而讀聖經是什麼時候？我們透過禱告把操練轉變為渴慕，把「必須」變成「樂於」。步驟四是默觀，此時來到消化經文以吸收養分。這就是神的話如何從我們的腦進到我們的心的過程。

我希望聽見神的聲音和誦讀一樣容易，但卻不然。它需要默想、祈禱和默觀。諷刺的是，我們只有讓自己放慢下來，聖靈才會使我們的靈甦醒過來。不過，這裡還有一塊拼圖。「與其說基督教竭力找出自己的不足，」切斯特頓說：「倒不如說他們發現這麼做一點都不容易，以致不去嘗試。」你不能只是誦讀聖經、默想聖經、禱讀聖經和默觀聖經。你必須**實踐**聖經的教導。除非你身體力行聖經的教導，否則你仍然不夠順服。

「我很好奇，」馬歇爾牧師說道：「如果我們都同意，在讀福音書時要讀到一種境界，就是經文告訴我們做什麼，我們就出去照做，而且只有在做到之後，才繼續讀後面的經文，那會發生什麼事呢？」

讓我告訴你究竟會發生什麼事：神的國會降臨，神的旨意會成全！那就是神之話語的**聆聽者**，變成神之話語的**實踐者**的結果。

做就對了。

然後，看看神會做什麼！

第6章

第二種語言
渴望——讓你真正感到喜樂的聲音

你要以耶和華為樂，祂就把你心裡所求的賜給你。
——詩篇37篇4節

二〇一四年新年元旦，英國芭蕾舞名伶吉莉安．琳恩（Gillian Lynne）獲頒大英帝國女性爵級司令勳章。我對這個勳章一無所知，但聽起來非常厲害，於是我去查了相關資料。這是頒給英國公民的最高榮譽之一，以表彰他們在非戰鬥領域上的傑出貢獻。在我看來，芭蕾舞符合非戰鬥這個條件。

英國皇家芭蕾舞團在吉莉安二十歲生日那天，指定她在《睡美人》一劇中擔綱獨舞重任，吉莉安是個永遠不會向後看的人。她後來成功從舞者轉型為編舞家，製作出《貓》和《歌劇魅影》等叫好又叫座的音樂劇。吉莉安的舞者和編舞家履歷或許並非舉世無雙，但就像每個成功故事一樣，這一切始於一個單純的渴望。

一九三〇年代，吉莉安的小學老師擔心她有學習障礙，因為她無法安靜坐著。她的躁動不安在今天可能會被診斷為「注意力不足過動症」（ADHD），但在當時，這完全沒被列入考慮。吉莉安的母親後來帶著女兒接受專業檢查，醫生仔細聆聽這位憂心忡忡的母親詳述八歲女兒的問題。諮商了二十分鐘後，醫生要求吉莉安的母親私下說話。當他們離開諮商室，醫生打開收音機，告訴吉莉安的母親注意看接下來發生的事。吉莉安立刻站了起來，隨著音樂舞動。這位具有敏銳判斷力的醫生說：「琳恩太太，吉莉安沒有生病。她是舞者。帶她去舞蹈學校。」這就是吉莉安母親後來做的事。

「我無法形容那種感覺有多麼美妙，」吉莉安說：「我們走進教室，裡面滿滿都是和我一樣的人。他們是無法安靜坐著不動的人。他們是透過舞動身體來思考的人。」吉莉安彷彿獲得重生。儘管八十年過去了，跳舞的渴望至今依舊是驅策吉莉安人生的力量。

肯・羅賓森爵士（Sir Ken Robinson）在TED發表的演講〈學校扼殺創造力〉（Do Schools Kill Creativity?）當中分享了吉莉安的故事，這場演講成了TED史上觀看人次最多的演講，這位教育專家指出了那位專業醫生的卓越不凡：「換作其他人，可能會讓她接受藥物治療，告訴她要安靜下來。」

我要在此公開表達，我對醫生和醫學永遠心存感激，他們多次救了我的性命。我舉這個例子，不是要反對醫生以任何方法或形式所開的醫療處方。我只是要表達我們應當追求神授與我們的渴望。

美國心理學家亞伯拉罕・馬斯洛（Abraham Maslow）對此說得最好：「如果一個人最終要與自己和平共處，那麼音樂家必須作曲、建築工人必須蓋房子、藝術家必須繪畫、詩人必須寫作。」我要補充一點，這麼做不僅是為了得到心靈上的平靜，還是為了得到自由。想想看，努力成為不是你的那個自己，到底有什麼意義？即使成功了，你也不是真正的你，更不是神所創造、且命定你要成為的那個人。變成這樣的人，不是成功，而是失敗。對我而言，我寧願在我喜愛的事上失敗，也不願意在我不喜歡的事上成功。所以，首要之務就是找出你的渴望，也就是神的第二種語言，如同〈詩篇〉說的：

你要以耶和華為樂，祂就把你心裡所求的賜給你。

我們往往以負面的角度看待欲望，但路益師卻有不同的看法：「我們是不冷不熱的受造物，當無盡的喜樂已經賜給了我們，我們卻用酒精、性和野心來愚弄自己。」根據路易斯的說法，「神發現我們不是欲望太強，而是太過薄弱。」有些欲望無疑是邪惡的，會招致犯罪，它們必須被釘在十字架上。但神要使它們復活，而且要煉淨、強化和利用它們來完成祂的目的。

純粹的喜樂

我的姪女艾拉很想養一隻狗，她對狗的強烈渴望遠遠超過其他任何東西，她的這個渴望也比其他小女孩都要來得強烈！五年來，她持續跟神禱告，同時懇求她的爸媽能點頭答應。

艾拉是個非常可愛的小女孩，所以我想不通她的父母親怎麼會對她的懇求完全不為所動。

經過「半生」的等待，艾拉在十歲生日那天，終於等到了她這輩子最大的驚喜。媽媽要她閉上眼睛，她的爸爸這時候把一隻三．六磅重、取名里斯的可愛小狗放在她手上。艾拉打開眼睛，忍不住喜極而泣。她的媽媽拍下了當天整個過程，與整個大家族分享了這段影片，我才會知道這件事。我不曾看過有人能克制得了那種無法言喻的喜悅！

艾拉的反應就是我對喜樂的定義。

在〈創世記〉裡，上帝七次從祂的創世畫布前面往後退，欣賞自己的創作：「神看這是好的。」[1]這是全能神對自己創作的第一次反應。這是第一次記錄下神的情感流露。「好」這個字來自一個希伯來字*Tob*，它的意思就是「無法言喻的喜樂」。那是一種純粹的喜樂。

上帝的第一次情感流露，為喜樂定下了基調、確立了標竿。神以自己所做的為樂，祂對我們的要求也是如此。神要我們以祂的創造為樂。神要我們以彼此為樂。最重要的是，神要我們以祂為樂。

《西敏小要理問答》（*Westminster Shorter Catechism*）的第一條教義這麼說：「人的首要目的就是榮耀上帝，並以祂為樂，直到永遠。」我們完全同意前半句，但我不確定我們是

1 創世記1章4節、10節、12節、18節、21節、25節、31節。

否都能完全理解後半句的要義。你有多以神為樂？多以祂的話為樂？多以祂的同在為樂？屬靈操練通常是從操練開始，但如果你以神為樂的話，這些操練遲早會轉變為渴慕。

告訴我你有多以神為樂，我就能告訴你你的靈命有多成熟。神最不希望看到的就是我們把祂的話當作苦差事或是例行事務。你是為了享受神的話而讀聖經的嗎？如果不是，那麼你讀聖經就讀錯了。有時候，神的話會光照我們，使我們知道自己的過犯而感到罪咎，但這正是尋求神的赦免和恩典的第一步。而這總是會帶來更大的喜樂。順服神是我們最大的喜樂，是我們無上的恩寵！竭力愛神當然需要付出努力，但這麼做必須是出於對神的愛而甘心樂意去做。

先尋求神

我在念神學院的時候，經歷過一個獨特的時刻——神呼召我寫作。我當時正在校園的小教堂裡禱告，然後我就聽到了神平靜的微小聲音說：**馬克，我已經呼召你要為你的世代來發聲**。諷刺的是，我才剛拿到一份我的研究生評量，顯示我的寫作能力低落。

儘管我沒有寫作天賦，但是神給了我強烈的寫作欲望來彌補這方面的不足。相信我，除非你有極為強烈的寫作欲望，否則無法應付截稿期限的壓力。有時候你的渴望剛好與自己的天賦契合，這會對你的敵人造成加倍的威脅！但是，神有時候會呼召我們從事超出我們能力的事情，以至於我們只能全心仰賴神的幫助。

起初，我對寫作的渴望表現在我對閱讀的胃口奇大無比，我狼吞虎嚥地讀。我在前面提到我在大四之前，我讀過的書寥寥可數。然而，在被呼召要寫作之後，我知道我需要閱讀。因此，我把閒暇時的每一分鐘以及省下的每一塊錢，都花在閱讀上。我在寫出第一本書前，已經讀了三千本書。

我從未懷疑，神在我的心中孕育了寫作的渴望。而我寫作是基於一個理由：我被神呼召要寫作。當我坐在電腦前寫作，我會脫掉腳上的鞋子，因為我所在的地方是聖地。我不僅是在鍵盤上打字，而是用二十六個英文字母來敬拜神。這十年來，我已經寫了十五本書，每一本都是對神當時的那個低聲密語的回應。

在「登山寶訓」裡，耶穌指出了一個不容違背的超自然順序。祂說：「你們要先求祂的國和祂的義，這一切都必加給你們。」[2]遺憾的是，我們當中許多人是反過來讀這節經文的。我們總是先求這世界的事，然後才尋求神。但這不是這節經文的順序和邏輯。你不能把尋求神放在人生中的第二位、第三位、或甚至是第十位，卻又期待神把你心中所想所求的都賜給你。

先尋求神，就是以神為樂。

2 馬太福音6章33節。

先尋求神，就是把每一天的第一個字和最後一個字都獻給祂。

先尋求神，就是確定祂的聲音是你生命中那個最響亮的聲音。

保羅說：「我也把萬事當作是有損的，因為我以認識我主基督耶穌為至寶。」[3]唯有如此，神才會用「渴望」這個語言向我們說話。神會改變我們的渴望、強化我們的渴望，然後把新的渴望上傳到我們心中。這些渴望確實會變成靈性的羅盤，引領我們航行在神的旨意中。

喜樂的聲音

一九二四年七月十一日上午，李愛銳（Eric Liddell）正在為巴黎奧運的男子四百公尺項目做準備。李愛銳之前為了守安息日而拒絕在星期日出賽，退出了他最有可能奪金的一百公尺短跑項目。四百公尺不是他的最強項目，他在準備的時候，有人把一張紙條交給他，上面寫了〈撒母耳記上〉二章三十節經文的釋義：「尊榮我的，我必尊榮他。」比賽開始後，儘管他被指定在外圈跑道上，這位蘇格蘭飛人最終以四七・六秒打破了奧運和世界紀錄，摘下金牌。

一九八一年，改編自他的故事的《火戰車》（*Chariots of Fire*）奪得奧斯卡最佳影片。李愛銳的妹妹不了解他對田徑的熱愛，努力說服他放棄跑步，搬到中國。李愛銳最後去了中國，以傳教士的身分在中國宣教十八年。但是他也相信，是神給了他跑步的渴望。「（神）讓我跑得快，」李愛銳解釋道：「當我跑步時，可以感受到祂的喜悅。」

我們先在此打住，稍後再繼續。

幾百年前，教會有一個測試的問題，用來裁定某件事情是否有罪：「你是否以此為樂？」如果你的回答是肯定的，就表示你有罪。多麼可怕的測試！如果讓神來做這個測試，祂在〈創世記〉第一章就過不了關。〈詩篇〉十六篇十一節甚至說：「在祢的右手中有永遠的福樂。」這聽起來一點都不像「有罪」，反而更像是基督宗教關於喜樂的論點。以約翰．派博（John Piper）牧師的話來說，就是：「當我們以神為最大的滿足，神就得著最大的榮耀。」[4]

歡愉不是壞事，那是神的禮物。我們是從什麼時候開始相信，神想要差派我們到我們不想去的地方，去做我們不想做的事情？的確，背起十字架涉及個人的犧牲，但是，當我們以神為樂，神會給我們相稱的渴望，驅策我們去做祂呼召我們去做的事情，不論那件事有多麼困難。

我這些年來和許多植堂者（建立新的教會或信眾團體的人）有過談話，在普遍讓他們感到掙扎的問題中，有一個就是：該到哪裡去植堂？他們當中許多人都盡職地做了人口調

3 腓立比書3章8節。
4 如果你還沒有讀約翰．派博的這本著作《渴慕神》（*Desiring God*），馬上買來看！

研，但我經常問他們一個與渴望相關的問題：「你最想在哪裡生活？」這個問題經常會引來疑惑的表情，於是我又更進一步細問：「你**想要**在哪裡養家？你比較喜歡城市、郊區或鄉間？你希望跟家人同行，或是獨自前往盡可能遠的地方？你喜歡山還是湖泊？西岸？東岸？不要在海岸？」我會問這些問題，是因為我相信，植堂的牧者或傳道人若能在他們真正最想要居住的地方建立教會，會創造出最大的牧會效果。看起來夠簡單，不是嗎？但使它如此困難的原因，是因為比起我們的渴望，我們更熟知別人的期望。

有些人不知道自己究竟想要什麼，以至於犧牲了自己的渴望，把它獻祭在別人的期望的祭壇上。我們安於「應當」。我們安於「必須」而不是「想要」。結果是我們不解為什麼我們感受不到神的喜悅。因為我們聽錯了聲音。

弗雷德．布赫納（Frederick Buechner）在他的著作《癡心妄想》（*Wishful Thinking*）一書裡，指出了當我們要選擇聽從哪些聲音時，所要面臨的挑戰。布赫納引用了我們一定要面對的三個預設因素：社會、超我（superego）和自我利益。如果我們不拒絕或忽視這些聲音，它們會反過來成為我們生活中最響亮的聲音。「社會」無時無刻不在用各式各樣的訊息轟炸我們——戶外看板、廣告、使用者點擊廣告和社群媒體，這些只是冰山的一角。「超我」則製造了最大的音量。而要拒絕「自我利益」，實在不是一件容易的事。如果你聆聽這些聲音，你就會仿效周遭世界的生活模式。[5]

布赫納接著話鋒一轉，提出了一個我已經學會了去喜歡的有效測試。「我們在選擇職業的時候，我們最該聽從的是我們以為最不該聽從的聲音，也就是我們真正感到喜樂的聲音。」布赫納說：「我們做什麼事情會讓自己最開心呢？我相信，會讓我們真正感到快樂的事情，就是好事，也是我們感興趣的事情。」

我還要再加上一項：那也是神感興趣的事情。

如果我們可以從李愛銳的生命中學到一件功課，那就是布赫納所提出的這個原則：**聆聽喜樂的聲音**。當我們這樣做，跑道的每個角落都將化為在中國宣教的禾場，如同李愛銳一般。而你也能用神所呼召你的任何事情，填滿人生的空白。

甜蜜交會點

提到專業上的成功，天賦和熱情，哪個更重要？你可能以為是天賦，但是丹尼爾．海勒（Daniel Heller）醫生做了一項長達十一年的研究，對此有不同的看法。這項針對四百五十名音樂系精英學生所做的研究，題示了隨著時間過去，熱情比天賦更重要。這項研究指出，是學生對音樂的熱情，讓他們在面臨逆境的時候，激勵他們願意冒更大的風險，而且給了他們內在動機（intrinsic motivation）堅持下去。總之，熱情獲得實證的支持。

5 羅馬書12章2節。

人生苦短，你不能不愛你所做的事情，因此做你所愛的。關鍵就在於，找到你的天賦與你的渴望兩者交會之處。神所賜的天賦是我們最擅長的事物，神授與的渴望是我們的真正熱情所在。兩者的交集就是我們的「甜蜜交會點」。

所以，我們要按照上帝給我們的恩惠，好好地運用不同的恩賜，做應該做的事。如果我們的恩賜是傳講信息，應該照著信心的程度傳講；是服務，應該服務；是教導，應該教導；是勸勉，應該勸勉；是施與，應該慷慨；作領袖，應該不辭辛勞；是憐憫人，應該高高興興。[6]

使徒保羅勸勉我們要使用神所賜的恩賜（天賦），追求神給我們的渴望。保羅在此使用了三個形容詞，用來定義我們是基督的追隨者——「慷慨」、「不辭辛勞」與「高高興興」。不論你做什麼，都當應用這三種態度。

「慷慨」一詞來自希臘字 *haplotes*，意思是超越個人的職責範圍，也就是多走一哩路。「高高興興」一詞則來自希臘字 *hilarotes*，意指在工作時吹口哨，這是一流的工作態度。「不辭辛勞」一詞來自希臘字 *spoude*，意思是致力於卓越、關注細節。這種態度展現了我們在乎自己所做的每一件事情，並且善盡職責。這意謂持續進步。不過，這當中有一個容易被忽略的細節——「不辭辛勞」也意指「對我們所做的事情感到高興」。不辭辛勞意指勤勉任事。當我們這樣做時，我們所做的每一件事都會轉化成一種敬拜行為。

馬丁．路德曾評論說：「一個盡忠職守的基督徒鞋匠，不是擺一個小十字架在鞋子上，而是製作好鞋，因為上帝對優秀的工藝技術感興趣。」我附和這個說法。提到優秀的工藝技術，英國作家桃樂茜．塞耶絲（Dorothy Sayers）說：「我敢發誓，在拿撒勒木匠的店裡所製造的桌子，從來不會出現桌腳歪斜或抽屜不合的瑕疵品。」

不辭辛勞就是在你做的事情上再多追求一分卓越。

不辭辛勞就是在你做的事情上再多付出一分愛。

許多年前，我參加了一個牙買加短宣隊，協助在當地興建一間青少年挑戰中心。我知道那聽起來不像是苦差事，但牙買加不全是碧海藍天和美麗的沙灘。我們從日出開始工作直到日落，我們努力興建一個事工中心，來收容染上毒癮和酒癮的青少年，協助他們能在基督裡得到自由。有個工作是打磨水泥牆，以便上漆，但是我們沒有磨光器。我們只得用水泥塊來刮水泥牆，那種聲音比指甲刮過黑板的聲音更加刺耳。刮了幾小時後，我感到肩膀痠痛，心情煩躁。就在這個時候，我從水泥的刮擦聲中聽到了神的微小聲音，說：「馬克，我的耳朵所聽到的是音樂聲！」

那天結束，我整個人累到癱。但是我感受到一種前所未有的滿足感，比我之前所參與

6 羅馬書12章6－8節。

的任何敬拜服事都更加令我滿足。我覺得自己彷彿用盡了所有力量去愛神。當我們竭力為神而做，我們的全力以赴在神的耳裡便化成了美妙的旋律。

四百一十二種情緒

杏仁核是人類大腦裡最令人驚異的腦區之一，這個外型呈核仁狀的核群集位在顳葉深處。儘管近年來腦神經和神經成像科學有驚人的進展，杏仁核對我們而言依舊神祕難解。我們所知的就是杏仁核是情緒的中樞，與決策行為和記憶形成有相當密切的關係。普遍的經驗法則告訴我們，強烈的情緒會讓記憶更長久，也會讓下決定變得更困難。

情緒是個頗富爭議的主題，但是基本上分為兩大類：負面情緒與正面情緒。其中一個攸關生存，另一個則攸關蓬勃發展。負面情緒（像是恐懼）會讓我們遠離麻煩，正面情緒（像是希望）則讓我們擺脫困境。情緒不僅是一種態度問題，它還是一種屬靈問題。負面情緒會使你遠離應許之地，白白浪費了四十年的人生。[7]

羅伯特·普拉切克（Robert Plutchik）是愛因斯坦醫學院（Albert Einstein College of Medicine）榮譽教授，他辨識出人類有八種基本的情緒：喜樂、信任、恐懼、驚訝、悲傷、厭惡、憤怒和期待。「情緒注解和表達語言」（emotion annotation and representation language，EARL）則提出了四十八種情緒。劍橋大學自閉症研究中心的西蒙·巴恩—柯恩（Simon Baron-Cohen）教授已經鑑別出四百一十二種人類情緒及臉部表情。

不論我們有多少種情緒，每一種情緒都是杏仁核的一個功能，以及神的形象的一個面向。我主張情緒是神給我們的禮物。當然，這個禮物就和其他任何事物一樣，都必須被神煉淨成為聖潔，而且要受到適當地管控。

我在念研究所的時候，有個教授提出了一個發人深省的問題：「是什麼讓你哭泣或是用拳頭重捶桌子？」換言之，是什麼讓你感到悲傷或憤怒？情緒在其中兼具了提示和線索的功能。除了憤怒和悲傷外，我還會加入「喜悅」，這三種情緒可以幫助我們明辨神的聲音。我知道在做決定的時候，情緒常被視為負面因素，不過這不表示你就可以任由情緒主導你的決定與判斷。但是，如果我們以神為樂，情緒會是一個很棒的輔助駕駛。

忽視這些情緒，就是忽視神的聲音。神透過我們的眼淚——悲傷或快樂的眼淚——向我們說話。那不就是尼希米（乃赫米雅）用來辨識他的甜蜜交會點的方式嗎？當他聽到耶路撒冷的城牆年久失修而荒廢，他哭了。眼淚是幫助我們看出神所命定的渴望的線索，義憤也是。如果你對不公義的事情不會感到憤怒，那麼你的情緒頻率沒有對準天父。這些情緒必須以正確的方式來疏導，但沒有這些情緒，邪惡便如入無人之境，為所欲為。

我們的心應當會為神心碎的事情而心碎，也應該會因為興奮或緊張而心跳漏了一拍。

7 以色列人第一次無法進入應許之地，是因為十二個前去窺探那地的探子中，有十個回報的是壞消息。

無論那是悲傷、憤怒或喜悅的聲音，都不要忽略了這些情緒。因為神正透過這些情緒向我們說話。

被潔淨的好勝心

我剛開始牧養教會的時候，常與我的自卑情結角力。每次我想要說服其他牧者時，它就會冒出來，因為與他們相比，我是如此無足輕重。我的問題關鍵就出在「比較」。沒有人可以在「比較」這個賽局中成為贏家。「比較」只會導致兩件事：驕傲或忌妒，這兩者會把你整個人由內而外徹底吞噬掉。過去，每次有人問我，我們的教會規模有多大時，我都會感到難為情。我覺得自己有點像掃羅（撒烏耳）聽到百姓唱著「掃羅殺死千千！大衛殺死萬萬！」[8]時的心情，當時在我的例子裡，我們的教會只有數十人而已！

我的自卑情結又隨著我的強烈勝負欲而加深。我討厭在玩桌遊時輸給我的孩子！正是這種強烈的好勝心，幫助我成為有超水準表現的運動員，幾次入選全美第一隊（first-team All-American），為我的大四生活增色不少。不過我要澄清一下，我入選的不是NCAA（美國大學籃球聯賽），而是NCCAA，這個多出來的C代表基督徒（Christian），所以不是什麼很厲害的事。

不過，當我的籃球生涯結束之後，我這種想與人一較高下的欲望就無處可以排解了。

我在開始牧養事工後沒多久，在好勝心作祟下，我展現出自己最壞的那一面，因而經歷了重大挫敗。這種感覺糟透了，我求神消除我的好勝心，但神否絕了我的請求。雖然我的耳朵沒有確切聽見神的聲音，但祂的話語卻是如此斬釘截鐵：**我不想消除你的好勝心，我要潔淨它來成就我的目的。**

當保羅看見雅典盛行偶像崇拜而深感憂傷時，還記得他做了什麼事嗎？他沒有轉身離開亞略巴古（阿勒約帕哥），不是嗎？他反而是進到那裡，與一些古代最偉大的哲學家正面交鋒，為真理而辯。保羅不是那種會輕易向人或事低頭認輸的人。為什麼？因為他有一顆被神潔淨的好勝心，結合了他被煉淨的堅毅性格。

這是保羅說的：「沒有一件事是按照自私的野心。」[9] 我們大多數人就在此止步了，但那只成功了一半。神不只要消滅自私的野心，祂還要擴大強化神聖的雄心。兩者之間的差異就只在於——你是為了誰而做？

「願祢的國降臨」和「願我的國降臨」之間，只有一線之隔。一旦我們跨越了這條界線，我們還來不及認罪，神就已經先撤回祂的恩惠。在神國裡，即使我們做的是對的事情，但只要是出於錯誤的理由，我們還是得不到認可。這關乎動機，而只有為了神的榮耀，才是唯一正確的動機。我們被太多自私的野心所驅動，卻極度缺乏神聖的雄心壯志。

8 撒母耳記上18章7節。
9 腓立比書2章3節。

在關乎神的事情上，你不能有太多自私的野心。

我努力實踐米開朗基羅的這句箴言：「用創作來批評。」我們受呼召不是抱怨哪裡錯了，而是要爭取做對的事情。要怎麼做呢？致力於譜寫更好的音樂、製作更好的電影、開展更好的事業、起草更好的法案，以及投身更好的研究。而且，要為神的榮耀而做！

五個警告

「渴望」這個語言非常難以辨認，因為我們的動機混雜，而且我們的自欺本領沒有極限。雖然我相信神利用情緒指引我們，但我們也很容易被情緒牽著走而誤入歧途。以下是我在人生路上學到的一些慘痛教訓。你可以把它們當作警告標誌，來提醒自己。

首先，把自負留在門口。你每一天都必須把自負放在祭壇上，否則，你會掉入「比較」的陷阱。而且，自負使你無法積極為神國效力，因為自負以自己為中心。你知道你可以實行神的旨意，卻同時被神所抵制嗎？我知道這聽起來似乎不合邏輯也不合神學，但這是千真萬確的。神反對驕傲。[10] 驕傲讓自負發出最大的聲音。試圖用自高自大的心態遵行上帝的旨意，無異是走兩步、退三步。

第二，如果你的欲望太過強烈，很可能是出於錯誤的理由。我知道這聽起來前後矛盾，所以容我解釋一下。如果你極度渴望得到某個東西，這常常是一個指標，提醒你還沒有準備好要得到它。為什麼？因為它成了你生命中的偶像。只要你對某個東西的渴望強過對神的渴慕，它就成了你的偶像，這包括了神賜的夢想和命定的呼召。因此，我必須捨棄一些渴望。我發現，當我把它們放到祭壇上，神有時候會把這些渴望歸還給我。

第三，情緒是個很棒的僕人，卻是個差勁的主人。一般而言，當你處於情緒狂躁或恐慌的時候，切忌做任何決定。這是為什麼你會在錯誤的身體部位刺青。這是為什麼你會說出及做出令你懊悔的事情。這是為什麼第九個聖靈的果子如此關鍵。[11] 老實說，我認為節制之所以被列在聖靈九果中的最後一個，是因為它需要花最長的時間來培養。作為情緒的守門人，節制使其他情緒受到約束。

林肯總統有個習慣，每次他對別人的怒火蠢蠢欲動時，他就會寫一封他所謂的「怒火之信」。這是一種疏導情緒的練習，他把滿腔怒火和挫敗都宣洩在紙上，等他恢復冷靜後，他會在信上寫下：「永不寄出。永不署名。」這種做法在心理學裡被稱為「模式阻斷」（pattern interrupt）。這就是反應和回應之間的差別。此外，〈雅各書〉一章十九節的建議也是一種不錯的方式：「人人都應該快快地聽，慢慢地說，慢一點動怒。」

第四，要分辨你的渴望是否出於神的授與。關鍵就是，辨識這個渴望隨著時間過去是增強還是沖淡。有時候，你需要多點時間來思考，或者採取一種更好的做法——禁食禱

10 雅各書4章6節。
11 加拉太書（迦拉達書）5章22–23節。

告。給你的渴望一些時間，看看它會增強還是減弱。如果你以神為樂，而且這個渴望通過時間的考驗而增強，那麼它很有可能是一件好事，而且也是神所喜悅的事。

第五點，加上一點情商，可以走得更遠。根據丹尼爾・高曼（Daniel Goleman）的研究，在促成職涯成功的因素中，只有百分之二十和智商有關，其餘的百分之八十則與情商有關，高曼定義情商為「一種識別、評估和控制自己、別人和群體的情緒的能力」。

情商是一種第六感。儘管情商難以定義，但耶穌已經樹立了標竿。沒有人像耶穌一樣具有高超的讀心術，可以讀懂在場每個人的心思情感。沒有人比耶穌更能與人和諧相處、更多地接觸人群。祂預期到法利賽人會反對祂，而用高明的問題反問他們，使他們啞口無言。耶穌也能洞悉傷心之人的渴望，使他們受傷的心得到醫治。

還記得我在前文提及我曾在英國一場特會中擔任講員，參加的牧者禱告「懇求聖靈」這件事嗎？我沒有提到我的演講是緊接在坎特伯里總主教賈斯汀・威爾比（Justin Welby）之後。當我聆聽他的演說，我很想站起身說：「他講得太棒了！」然後，坐下！他說的一句話對我影響深遠，我發現自己從那時候起，經常引用這句話。總主教說：「對於聖靈的恩賜而言，情商是一個很棒的兼任教師。」只是操練屬靈恩賜還不夠；操練屬靈恩賜必須輔以一定程度的情商，否則對情緒的影響弊大於利。

我要再說一次，情緒是神給的禮物。隨著我們與神的關係越來越親密，我們的情緒知覺和情商也會隨之提升，進而展現出對他人的同理，這往往又會導致超自然的同步性（或共時性）。

不隨波逐流

我在六年級的時候，有一天，我穿了一件太平洋品牌的螢光色粉紅T恤上學。那真是一個天大的錯誤！我在國中是鋒頭人物，也是班上個頭最大的學生之一（這不重要）。在那天，我受到同學們無情地嘲笑，連我最要好的朋友都背叛了我。

猜猜看，那件T恤我穿了幾次？只有一次。為什麼？因為我不想再被嘲笑。國中生採取的做法是融入同儕，我們大多數人在往後的人生裡也都依循這種妥協做法。我們不惜代價成了隨波逐流的人。這個代價就是我們的獨特人格、個性和身分。你可以把這種情況稱為同儕壓力或團體迷思，但聖經稱此為「模仿」或「效法」（conformity）。

> 不要模仿這個世代，倒要藉著心意的更新而改變過來。[12]

這是聖經中最難做到的命令之一，因為我們的文化非常擅長用它的價值觀來制約我

12 羅馬書12章2節。

們。你知道你每一天都暴露在大約五千個廣告訊息中嗎？感覺好像沒這麼多，對吧？這證明了我們的文化多麼精通於此，而我們必須起來對抗它。

把靈魂賣給魔鬼的人不多，但把靈魂賣給了我們社會文化的人卻比比皆是。我們讓文化來為我們定義什麼是成功，而不是由我們自己來定義。我們不敢與眾不同，我們屈從於世界的價值觀。為什麼會這樣？因為我們任由社會文化成為我們生命中最大的聲音。

「不隨波逐流」感覺就像是在交通尖峰時間，在單行道上逆向行駛。然而，要成為神要你成為的那個人，那就是唯一的方法。而渴望就是那把鑰匙。

「模仿」這個字的希臘原文是*syschematizo*，意思是「照著某個式樣仿製或塑形」。這讓我想起了在伊利諾州的布魯克菲爾德動物園裡，有一台機齡超過五十年、可以鑄模各種蠟像小物的自動販賣機。如果我的記憶沒錯，可供選擇的品項包括了粉紅色封蠟印章，以及綠色短吻鱷、棕熊和黑色大猩猩等動物小蠟像。我們和這些蠟像沒有什麼不同，我們大多數人被壓入文化鑄模中。唯一打破鑄模的方法，就是把我們自己放在陶輪上。此外，我們必須敢於與眾不同。

擴散性思考

在美國的「啟蒙方案」（Head Start program）施行初期，一項針對一千六百位兒童所做的研究，涵蓋了廣泛的評量項目，其中包括了擴散性思考（divergent thinking）。聚斂性思考（convergent thinking）是正確回答問題的能力，這不需要創意，只要具備分析智能就足以應付了。擴散性思考則截然不同，這種能力是透過探索可能的不同解決方式，產生具有創意的想法。

在被問到舉出盡可能多的迴紋針用途時，一般人可以立即舉出十到十五種。擴散型思考者則可以馬上舉出二百種用途。這兩種不同的思考方式各有其優勢，以因應不同型態的工作或任務，但在預測獲得諾貝爾獎的潛力時，擴散型思考是更好的評量指標。

「啟蒙方案」所做的研究發現，在三到五歲的兒童中，有百分之九十八在擴散型思考項目上被評量為天才。五年後，這個百分比陡降到百分之三十二。再經過五年後，跌落到只剩百分之十。

這十年中發生了什麼事？擴散型思考到哪兒去了？這與「渴望」的語言有什麼關係？我對此的看法是：我們大多數人與真正的自己，以及我們真正的渴望失聯了。這導致我們不走自己的路、不發揮神授與的渴望，而是讓喜悅的聲音被效法這個世界的聲音所淹沒。這或許就開始於你穿著一件粉紅色T恤上國中的那一天。

我們太過在乎別人的想法，這證明了我們不怎麼在乎神的想法。就是這種對人的恐懼，攔阻了我們聽見和留意神的聲音。我們讓別人的期待凌駕了神放在我們心中的渴望。最後的結果是什麼？那些渴望連同我們的肉體被埋葬在地底一．八公尺深的地方。最後，我們忘了自己究竟是誰。

在福音書中，一個最引人入勝的問題是：「你要我為你做什麼？」[13]在某種意義上，這是多此一問，因為耶穌的這個問題是在問一個瞎子。我們全都可以猜出他的答案，對吧？他當然是「想要看見」。既然如此，耶穌為什麼要問他這個問題？答案很簡單：耶穌想要知道我們要什麼。

如果耶穌問走進教會的一般人，說：「你要我為你做什麼？」我敢保證，十個人中有九個人會難以回答這個問題。為什麼？因為我們與自己真正的渴望失聯了。

如果你不知道自己要什麼，當你得到的時候你怎麼會知道呢？或許，現在該是盤點你的渴望的時候了。你要神為你做什麼？你要感謝祂問了你這個問題。

釋放內在的傻瓜

戈登．麥肯齊（Gordon MacKenzie）在賀曼卡片公司（Hallmark Cards）擔任「創新悖論長」一職超過三十年。他的工作是協助同仁跳脫企業常態的桎梏，他也在小學帶領一個工作坊。他在自己的著作《繞著大毛球飛行》（*Orbiting the Giant Hairball*）這本書裡，直言不諱地抨擊：「人生從搖籃到墳墓，『要正常』這個壓力始終存在。」

他在帶領創意工作坊時，麥肯齊會作一個非正式調查，他問學生：「在這個教室裡，有多少人是藝術家？」在國小一年級的班級裡，全班都會熱烈地揮舞著他們的手。在二年級，大約一半的學童會舉手。在三年級，大約佔了三分之一。到了六年級，只剩一、兩個學童會猶豫地舉起手。

根據麥肯齊的觀察，他合作的每一所學校都在壓抑學生的創意天賦，學校訓練學童擺脫他們與生俱來的天真傻勁。在學校，學生的天賦不會受到稱讚和認可，反而會受到批評，給他們打思想預防針。「要正常」變成了教室裡說話最大聲的聲音：

你知道的，我們每一個人裡面都住著一個傻瓜。一個魯莽、粗心、大膽、輕率、格格不入、即興、無禮、冒冒失失的傻子，我們大多數人在很久以前，就綁住了傻瓜的手腳，把他鎖在地下室裡。

耶穌來使被擄的得釋放。換句話說，祂來是要釋放愚拙人。不僅要釋放愚拙人，還要使用像你我一樣的愚拙人，使聰明的羞愧。[14]

耶穌的救恩不是只有赦罪而已。耶穌要把你從你給自己穿上的心理拘束衣中，釋放出來，但你必須敢於與眾不同。你必須追隨你所聽到的不同的鼓聲——你心中那個神聖的渴

13 路加福音18章41節。
14 路加福音4章18節；哥林多前書1章27節。

望——來前進。

聖經稱呼我們為「特殊的族類」[15]。既然如此，我們為什麼努力讓自己變得跟大家一樣呢？如果獨一無二是神給我們的禮物，那麼活出自己的獨特性，就是我們回報上帝的答禮。而這開始於聆聽和留意渴望的聲音。當神的聲音成了我們人生中那個最嘹亮的聲音，我們就敢於與眾不同。

15 彼得前書2章9節。

第7章

門——神打開的門與關上的門

第三種語言

我已經在你面前給你一道開著的門。

——啟示錄3章8節

二〇〇四年十二月二十六日，根據地震儀的記錄，爆發了史上規模第三大的地震，震央在印度洋的深處，釋放的能量相當於廣島原爆的二萬三千倍。這場芮氏規模九．一級的地震，它的震波引發了超過一百英尺高、時速高達五百英里、影響範圍達震央半徑三千英里的海嘯。這場史上最致命的海嘯奪走了二十二萬七千八百九十八條人命，但有一個族群，他們就生活在海嘯經過的地區，卻奇蹟似地存活下來，沒有任何傷亡。

莫肯人（Moken）是南島語族的一支，他們維持傳統的海上遊牧民族文化，從出生到死亡都在廣闊的海洋上生活。他們手工打造的木船被稱為「卡邦」（kabang），充作這些海上吉普賽人的船屋。莫肯人的孩童在學會走路之前就先學會了游泳。他們在水中的視力是旱鴨子的兩倍。如果有水中憋氣比賽，他們絕對無人能敵。當然，使他們倖免於這場海嘯浩劫的不是上述這些技巧。他們與海洋的親密關係，才是拯救他們的關鍵原因。莫肯人比任何海洋學家都了解海洋的心情和發出的信息，他們解讀海浪的方式就像我們看交通號誌一樣。

在地震發生那一天，一位來自曼谷的業餘攝影師正在拍攝莫肯人的日常，當她看到眼前的景象時，開始擔心起來。她的照片顯示，當海水開始退潮，許多莫肯人在哭泣。他們知道即將發生什麼事。他們注意到小鳥停止啁啾鳴囀，蟬停止了鳴叫，大象往高處移動，海豚游向更遠的外海。

那麼，莫肯人做了什麼？

在泰國海岸附近的莫肯人把船拖上岸，然後盡可能往最高處走。而那些出海的莫肯人，甚至把船划向更遠。他們把船划到深海區，因為他們知道海嘯的波峰行經深海區時會減弱。當海嘯突襲莫肯人時，原本在他們附近的緬甸漁夫沒有一個人生還。「他們當時正在捕魷魚，」一位倖存的莫肯人說道：「他們不懂得怎麼觀察。」海浪、小鳥、蟬、大象和海豚都在向這些緬甸漁夫說話，遺憾的是，他們不知道怎麼聆聽。

根據會說莫肯族語的人類學家納魯蒙．辛希拉南（Narumon Hinshiranan）博士的說法：「海水退得非常快，然後一波小海浪襲來，他們看出這不尋常。」

小海浪？

他是認真的嗎？

令人驚異的是，莫肯人看出即將會有災難發生的憑據，就是小海浪加上一個他們代代相傳、名叫「拉本」（Laboon，意思是「吃人的海浪」）的古代傳說。不知為何他們感知到，眼前的這波小海浪就是「拉本」。

還有個引人入勝的地方，就是莫肯人不知道自己幾歲，因為他們的時間觀念與我們截然不同。在他們的語彙中沒有「何時」一詞。他們也沒有「哈囉」或「再見」這類語彙。此外，莫肯人的語彙中也沒有「憂慮」一詞，這就不僅僅是湊巧而已。

徵兆

莫肯人是個比喻。如果說這個海洋民族說的是大海的語言，我們說的就是聖靈的語言。聖靈的方言之一是門——開啟的門和關閉的門。就某種意義而言，第三種語言是一種徵兆語言。耶穌曾經警告加利利（加里肋亞）的猶太人，不要把神蹟奇事（或徵兆）當作信仰的試金石，[1]但這並不會否定人們在領會神的旨意時，神蹟與徵兆的價值。

還記得法老王嗎？他忽視十個神蹟，這些神蹟明顯到相當於古代閃亮的霓虹燈。他的漠視後來為他招來了什麼禍患呢？忽視徵兆，就是漠視神透過它們來說話。我們若這麼做，會為自己帶來損害。

如果挪亞（諾厄）忽視了預兆會怎樣？

1 約翰福音4章48節。

如果約瑟忽視了法老做的夢會怎樣？

如果摩西經過燃燒的荊棘叢卻未停下腳步會怎樣？

如果東方三智者忽視了星辰的說話會怎樣？

如果掃羅在往大馬士革的路上，把他看見的異象當成騎馬意外造成的，又會怎樣？

如果挪亞忽視了這個徵兆，他和他的家人將會死於大洪水，人類的歷史也將隨之終結。如果約瑟忽視了法老所做的異夢，以色列和埃及這兩個國家將會因為飢荒而滅亡。如果摩西繼續往前走，以色列人就不會出埃及，也不會進入應許之地。如果東方三智者沒有跟隨那顆星的指示，他們不會發現彌賽亞（默西亞）。如果掃羅沒有徹底改變迫害基督徒的立場，他不會成為保羅，而且有一半的《新約聖經》永遠不會寫出來。

我知道徵兆受制於解釋，因此解讀徵兆和過度解讀徵兆之間往往只有一線之隔。我要請求各位千萬不要倚賴占星術、塔羅牌或看手相來做決定，這些算命的東西都是虛假的徵兆。我也不會建議你根據幸運籤餅來做重大決定。如同我們讀經需要聖靈的幫助，我們也必須學會在聖靈的幫助下解讀徵兆。毫無疑問地，神會透過環境說話。聖經是我們的直接憑據，但環境證據也算。

「門」這個語言需要分辨的恩賜，這種恩賜超越了經驗所累積出來的直覺。它也超越了情境智慧（contextual intelligence）或情商。分辨是運用超自然的洞察力來評估情勢的能力。分辨是一種先知性的感知力，可以看出過去的問題並且預見可能性。簡言之，分辨的恩賜是能夠理解神所說的話。

神蹟相隨

在詳述門的語言之前，我要先提醒一件事，那就是徵兆語言是一種輔助語言。我們不是透過徵兆來解釋聖經，但我們透過聖經來解釋徵兆。一般而言，神使用徵兆來**確認**祂的話和旨意。但有例外嗎？當然有！畢竟，制定規則的是神。不過，在〈馬可福音〉十六章二十節樹立了先例：**藉著相隨的神蹟**。

我們希望這節經文最好是「神蹟在前」，對吧？那麼，事情就會簡單多了！但在聖經裡，這不是信心的運作順序。我們不妨來思考分開紅海和約旦河這兩個事例。這兩個神蹟或兆頭給了猶太人驚人的信心，相信神會在無路之處開路。但摩西必須**先舉起他的杖**，祭司必須**先把腳伸進河中**。只有當他們先做了，神才會分開海與河。先用信心踏出第一步，神才會顯明第二步。

我的第一次植堂嘗試，最後是以失敗收場，我從這次慘痛經驗中學到了一些教訓，我也在其他著作中做了分享，但我要在此再做些補充。在植堂失敗後，我有一天在閱讀一本聖工雜誌時，看到了一家華盛頓特區福音機構的徵人廣告。我不知道我為什麼會停在這一頁，但這則廣告抓住了了我的目光。通往華盛頓特區的門，那時只開了一條裂縫。我打了電話過去，接著便展開了一趟從芝加哥到華盛頓特區、將近六百英里的信心飛躍之旅，最後促成了這段長達二十年的首都牧會事工。

這聽起來似乎是個乾脆俐落的決定，其實讓我們備感苦惱。蘿拉和我是土生土長的芝加哥人，這裡是我們熟知的世界，而且麥可喬丹也是在芝加哥公牛隊打球呢！我們有什麼理由搬家呢？我們一點都不想離開芝加哥。但要關上一扇門，沒有比失敗更快速的方法。其實，失敗是把門重重地關上，你的手指甚至還留在門框邊。

回顧過去，老實說，我認為上帝為了讓我們前往祂要我們去的地方，唯一的方法就是讓我們植堂失敗。即使如此，這當中依舊滿有神的恩典。我為那扇關上的門而感謝神，一如我為神在我人生中所開啟的門而感謝祂一樣！因為關門是為了通往一扇打開的門，這就是門的運作方式。

以下是後續的故事。對我和蘿拉而言，搬到華盛頓特區是個艱難的決定，所以我希望神能給我們一個清楚而明確的徵兆——你知道的，就像是有架飛機在東邊的地平線上空，用引擎的噴氣寫下「華盛頓」三個字那樣的徵兆！我想要有個兆頭，有部分原因是因為我們在華盛頓沒有住的地方，也沒有保障薪資。但我們一直沒有看到任何徵兆，直到我們決定要搬到華盛頓之後，通常也只有在這時候，神才給了我們一個明確的徵兆。

在我們做了這個決定後當天，我到我們設在三一國際大學的信箱收取郵件時，我看到了一張寫給我的明信片。明信片的正面寫著「你的未來在華盛頓」。我絕不是在開玩笑。

喬治．華盛頓大學為什麼要寄這張明信片給我，對我來說至今仍舊是個謎。但就在我做了這個人生最重大的決定後看到這個兆頭，我認為它有資格被看作一個相隨的神蹟。神不僅開了一扇門，還鋪了紅毯歡迎你。

在做了艱難的決定後，會感到猶疑不安是人之常情，這就是為什麼神的恩典夠我們用，祂會給我們確據。神知道我在華盛頓建立教會的初期，我會經歷自我懷疑，因此祂寄了一張明信片給我。那張明信片是一張屬靈紀念品，提醒我神的信實，即使失敗了，祂的信實依舊。

五種測試法

提到辨明神的旨意，我有時候會希望，我們可以像門徒在挑選遞補猶大（猶達斯）所遺留下來的空缺的人選時一樣，只要抽籤就好。這樣做要比分辨神的聲音快得多，也容易得多，不是嗎？但這種做法勢必會犧牲我們與神的親密關係，而與神建立親密關係才是我們的最終目的。分辨神的旨意遠不僅是為了遵行神的旨意而已。分辨神的旨意在於明白神的心，而這只有在你與神親密到足以聽到祂的低聲密語時，才會發生。

我使用以下五個測試法來分辨神的旨意和聲音。

方法一是雞皮疙瘩測試法。塞爾特基督徒為聖靈取了一個很有趣的名字。他們稱呼聖靈為「野雁」（An Ghead-Glas）。我很欣賞他們的想像力以及這個稱呼所具有的含意。「野雁」反映了聖靈的身分，以及祂的作為具有一種不可預知的元素，要形容一個人過著由聖靈引導的生活，我想不出有比「追逐野雁」更好的描述方式了。

很多時候，我們不知道該何去何從，但我們只要緊緊跟隨聖靈，就能到達神要我們去的地方。有時候，這樣做會令人感到有些不安，卻也讓人興奮難抑。事實上，聽從聖靈的指引會讓你起雞皮疙瘩。或者更精確地說，起野雁皮疙瘩！

神的旨意會讓你的心跳加速，感覺心跳漏了一拍。你當然要讓這種感受通過聖靈的過濾，而聖靈的甦醒往往會讓人起雞皮疙瘩。

我當然不是建議你，只做會激發你的熱情的事情。丟垃圾不會讓我起雞皮疙瘩，洗碗盤也不會，但這些事情卻不能不做。我的真正意思是，當你追求神賜給你的宏大夢想或呼召時，你應該時不時會起雞皮疙瘩。神的旨意不是苦差事。記住了，如果你以神為樂，神就把你心裡所求的賜給你。就像玩「冷與熱遊戲」，[2]當你越接近神那良善、可喜悅和純全的旨意，你心中的渴望便會越來越火熱。

方法二是平安測試法。使徒保羅說：「又要讓基督的平安在你們心裡作主。」[3]他的意思是你不會感到驚懼或緊張嗎？當然不是。這句話的意思是：你的內心深處知道那是你當做的正確事情。這種平安，無法從字面上來理解。[4]這種平安不僅是置身在風暴中，更是在身陷風暴中心時，仍然保持平靜安穩。這種平安不是嚇得魂不附體而愣住，而是靠著對神的信心足以勝過一切困難。

方法三是明智忠告測試法。我們不要獨自一人分辨神的旨意。通常，我們若只靠自己的力量試圖前往神要我們去的地方，我們遲早會迷路。我說的忠告是什麼呢？你的周圍要有過來人為你指點迷津。你的周圍要有可以激發出你的優秀品質的人。你的周圍要有獲得你的允許、可以用愛心向你說誠實話的人。簡言之，你要尋求明智的忠告。[5]這個方法可以讓你少走一些冤枉路，而且能得到其他人的建議。由於我們的自欺本領沒有極限，別人的忠告是很重要的制衡力量。

方法四是瘋狂測試法。根據定義，從神而來的宏大夢想總是超出我們的能力、邏輯和資源。換句話說，沒有神的幫助，我們無法使這個夢想成真。在我的經驗裡，神的點子常常顯得瘋狂無比。當神別出心裁地給了我們要在國會山開一間咖啡屋這個願景時，我的感覺就是如此。老實說，我們根本沒必要經營咖啡屋。但就是因為這個想法夠瘋狂，才顯出那是出自於神。

2 譯注：先選出「冰塊」（找東西的人），確定他把眼睛蒙上後，其他人把東西藏好，就可以開始遊戲了。每次「冰塊」越來接近被藏起來的物品時，其他人就要說「越來越熱」，當「冰塊」離被藏物品越來越遠的時候，其他人就要說「越來越冷」，直到「冰塊」找出物品。

3 歌羅西書3章15節。

4 腓立比書4章7節。

5 箴言15章22節。

我不知道神對你的人生有什麼樣的旨意，你當然必須自己做功課。但對神的信心是表現在你願意讓自己看起來愚不可及。挪亞在建造方舟的時候，看起來有些瘋狂。撒拉（撒辣）在九十歲的時候購買孕婦裝，看起來有些瘋狂。東方三智者跟隨一顆星的指示來到廷巴克圖（Timbuktu），看起來有些瘋狂。當彼得下船走在加利利海上，看起來有些瘋狂。當它們是神的旨意，瘋狂會變得無比瘋狂！

方法五也是最後一個測試法，有一個較長的名字，我稱為：**卸下現職並蒙召去新職測試法**，這部分需要花較長的篇幅來說明。

我的屬靈英雄——彼得．馬歇爾（Peter Marshall）——在我出生前已去世多年。他從蘇格蘭移民至美國，曾擔任兩任的美國參議院院牧，以及華盛頓特區被譽為「總統的教會」的紐約大道長老教會（New York Avenue Presbyterian Church）牧師。就和馬歇爾一樣，華盛頓是我的牧區。所以，我從他的生平事蹟和牧養服事的同名書籍與電影《一個名叫彼得的人》（*A Man Called Peter*）中，獲得了獨特的啟示。其中又以他是如何來到紐約大道長老教會的經歷，格外啟發我。

一九三六年，紐約大道長老教會的遴選委員會邀請馬歇爾擔任他們的牧師。他的回應深具啟發性：「我還沒有預備好要接下如此重要的職位，成為紐約大道長老教會的牧師。我還太年輕，不夠成熟，學識、經驗、智慧和能力都嚴重不足，無法擔此重責大任。時間將會顯明，我在理智和情感上是否具備這些特質，可以滿足貴堂講道壇的需要。」他婉拒這項職務不僅是出於謙遜而已。這個機會確實很吸引他，但他才剛接下另一個牧師職務，他不認為自己要捨棄目前的服事。換句話說，時機不對。

神的旨意猶如一把有兩個插銷的鎖。第一個插銷是「蒙召去」。第二個插銷則是「卸下」。當你卸下現職，卻不確定你的呼召為何，那種感覺就像是置身在屬靈的無人地帶。你對未來感到茫然、無頭緒。我的建議是，除非神給了你進一步的指示，否則就繼續做你最近從神那兒聽到、祂所指示你要做的事上。

馬歇爾發現自己處在相反的處境。他確實感覺到「蒙召去」紐約大道長老教會，但他並未感覺到要「卸下」現有的職務。換作稍微軟弱一點的人，可能會迫不及待地欣然接受這個機會，但是馬歇爾秉持一貫的正直，拒絕了這個機會，因為這項新職邀約並未同時滿足這個雙重測試。事隔一年後，由於遴選委員會無法找到在各項條件上與馬歇爾匹配的牧師人選，他們再次向他發出邀請。這次，馬歇爾依舊覺得要「蒙召去」紐約大道長老教會，同時也感覺到要「卸下現職」，因此這回他接受了紐約大道長老教會的聘任。接下來的事，你們都知道了。

大衛的鑰匙

在聖經所提到的神的應許中，〈啟示錄〉三章七節是我最常用於禱告的應許之一，我要先說，這個應許是「整套出售、不可拆賣」。你不能祈求神只給你敞開的門，卻不接受關上的門。通常，其中一扇門會通往另一扇門。在某種意義上，關上的門就是「卸下」，敞開的門則是「蒙召去」。而前面提到〈啟示錄〉所說的應許就是：

那聖潔的、真實的，拿著大衛的鑰匙，開了就沒有人能關，關了就沒有人能開的，這樣說。

我很喜歡《糊塗情報員》（*Get Smart*）這部電視影集的經典開場，主角史馬特是代號特工86號，他穿過一道又一道的門，來到位在華盛頓特區、絕對機密的總部「控制」。他進到電梯門，沿著一個通道直走，會經過雙開式彈簧門、拉門和牢房門，最後會進到一個有折疊門的電話亭。我算了一下，史馬特在抵達總部之前，總共穿過了六道門。

我認為，這經常就是神的旨意運作的方式。我們穿過一道門，以為這是我們的最後目的地，其實是一道門再通往一道門再通往一道門。

我要就此說點輕鬆有趣的事。二〇〇六年一個春日，我正努力完成我的人生目標清單。我當時在閱讀馬丁．路德的傳記，這本傳記激勵了我設定我的第一〇六號人生目標：參觀德國的威登堡城堡教堂（Castle Church），馬丁．路德把他寫的〈九十五條論綱〉（Ninety-Five Theses）釘在這間教堂的大門上。

就在隔天，我接到了一通陌生電話，對方邀請我在宗教改革紀念日於德國威登堡所舉辦的一個國際座談會上擔任講員，共商教會的未來。這麼剛好的時間點，你沒騙我吧！這個當下是你會說「請容我為此事禱告一下」的時刻之一，接下來是短暫的沉默，然後是一句堅定的回答：「好！」

你無法根據時機做所有的決定，但神的時機是祂顯明旨意的方式之一。這個演講邀約是一扇機會之門，這是我最喜歡的門的種類之一。這次的機會之門所引發的骨牌效應難以細說分明，但我會試著告訴你。

我帶了一位同仁約翰跟我前往，他後來搬去德國，和妻子史蒂芬妮一起開設了柏林版的以便以謝咖啡屋。這趟德國之行是促使他採取行動的關鍵催化劑。若非如此，我不確定他是否會孕育出這個夢想。

我還在會議上遇到作家喬治．巴納（George Barna），更重要的是，還有他的經紀人艾絲特．費多克維奇（Esther Fedorkevich）。時間快轉到兩年後。我不記得在這趟德國行之後，我曾和艾絲特談過話，但她恰好聽說了我在一次講道中跟會眾所分享的畫圈人何尼（Honi）的故事，因為她的一個兄弟和姊妹恰好是我們的教友。講道隔天，就在我思考著能否以這個故事為開場來寫一本書時，我接到了艾絲特的電話，她在電話一頭說：「馬克，那就是你的下一本書了。」艾絲特後來代表我與出版社洽談《勇敢告訴神，讓祂成就你的夢想》這本書的出版事宜，自此之後，她成了我的經紀人，代表我洽商每一本書。

我以為這只是一趟單純的德國行，但是一扇門又通往另一扇門，催生了柏林版的以便以謝咖啡屋。那扇門還通往另一扇門，催生了《勇敢告訴神，讓祂成就你的夢想》的出版，以及我後面的每一本書。

神彰顯主權的最神祕也最不可思議的方式之一，就是開門和關門。聖經是鑰中之鑰，但在這個應許中還提到了另一把鑰匙──「大衛的鑰匙」。這是指戴在以利亞敬（厄里雅金）肩頭上的那把鑰匙，它是權柄的象徵。身為大衛王室的總管，以利亞敬可以自由進出王宮各處。王宮裡沒有一扇門是他不能開或關的（換言之，用鑰匙鎖上或打開）。以利亞敬是基督的預表，祂現在掌握著大衛的鑰匙。耶穌基督有權柄開啟那不可能打開的門，帶領你通往不可能的地方！這是基督向人低聲密語的方式之一。

其他目的

身為教會領袖，我人生中最恐懼的時刻之一，發生在有一天，我接獲了一通語音留言通知我，我們教會作為主日崇拜場地的那間華盛頓特區公立學校要被關閉了。我從植堂失敗的挫折中脫離才不過兩年時間，我很怕舊事重演。

全國社區教會在那時候是一支雜牌軍。我們每月的收入是二千美元，天氣好的時候，參加主日崇拜的人數有三十人。眼看我們即將成為一間無家可歸的流浪教會，我挑出了二十多個在國會山地區聚會的可能地點，但在逐一確認過後，沒有一扇門是打開的。有一天，我突然福至心靈，走進了聯合車站的戲院。我發現這家連鎖戲院才剛舉辦了一個他們稱為「VIP計畫」的推廣活動，對外促銷星期天早上這種非放映時段的場地租用。神不僅開啟了一扇門，還鋪好了紅毯歡迎我們。

我走出聯合車站，站在書報攤前，拿起了一本描述聯合車站歷史沿革的書。我翻開第一頁，第一句就寫道：

一九〇三年二月二十八日，當他「簽署通過一項法案，旨在哥倫比亞特區興建一個聯合車站，以及其他目的時」，老羅斯福總統若知道聯合車站有一天會提供哪些「其他目的」，或許，他在簽署之前會為此發出感嘆。

「其他目的」這句話躍出書頁，進入我的靈裡。老羅斯福總統想的是他要興建一個火車站，他確實做到了。但他也在興建一間教會，一個完全由聯邦政府出資興建的教會。

有十三年的時間，聯合車站的戲院成了全國社區教會的家，實在是太不可思議了。聯合車站提供給我們諸多便利設施——有四十家餐廳進駐的美食廣場、一個停車場，還有通行全市的地鐵系統把人們從四面八方送到教會門口，能享有這種便利的教會不多。後來，神又再次做了同樣的事。我在二〇〇九年九月接到一通電話，通知我戲院在一星期後就要結束營業了！我們有一個星期的時間另覓場地，安頓我們當時已經成長為數千人的會眾。

起初，我為戲院的關門而感到難過。老實說，我曾懷疑我們的最好日子是否已經離開我們了。但是，如果神沒有關上那扇門，我們不會開始尋找屬於教會自己的房產。今天，我們有六處房地產，粗估總價值高達五千萬美元，這都要歸功於一扇關上的門。神的意念高過人的意念，神的資源也超越人的資源！

正如我們的禱告無論有沒有蒙應允，我們都一樣感謝神，有一天，我們前面的門無論是關或開，我們也都會一樣感謝神。我們都不喜歡機會之門在眼前被重重關上，我們往往無法理解為什麼會這樣。但關上的門卻是神的「先行恩典」（prevenient grace）。

有時候，神會透過失敗來關門。有時候，神是透過聖靈的攔阻，阻止我們一開始就穿門而入。不論是哪個，神有時候顯明的是一條受攔阻的道路。

聖靈的攔阻

使徒保羅在第二次的宣教之旅中，他一心想要到庇推尼（彼提尼雅），這裡是羅馬帝國統治下的一個小亞細亞省分。保羅可能預訂了不能退費的船票，但神關上了這扇門。具體而言，保羅「被聖靈禁止在亞細亞講道」，繼這個靈裡的攔阻之後，保羅看見了一個異象，有個馬其頓人求他說：「請你過到馬其頓來幫助我們。」[6]

我們有什麼理由相信，在分辨神的旨意上，我們與保羅會有什麼不同？當然，我們對神的啟示有更完備的理解，這要感謝保羅寫了許多《新約聖經》書卷。但聖經並沒有讓我們從庇推尼轉往馬其頓。神在那時候關上了門，今天也依然在關門，不相信這點、就是輕看了聖經的真實性。

我在最後一年的大學生活裡，我的密語之所是中央聖經學院教會的陽台。我就和一般的大四生一樣，面對畢業在即，我也在苦思自己人生的下一步。就在這時候，我獲得了一位牧師所提供的夢想工作，他恰好也是我最喜歡的講道牧者。我心裡蠢蠢欲動，想當場就點頭說好。那麼，我為什麼沒有接受我唯一獲得的這個工作邀約？有一天下午，我在教會的陽台上為這個工作踱步禱告，我感覺到靈裡出現了一股莫名的制止。對這個一切看似最完美的情況說「不」，這是我人生所做的最艱難決定之一。

不到一年，那位牧師就因為一件道德醜聞而黯然離去。如果我當初跟著他，我可以安然脫身嗎？我相信神的恩典會幫助我度過這個難關，一如祂在其他事上領我度過一樣。但神毅然決然地關上了通往「庇推尼」的門——透過一個非常清楚的「靈裡的制止」。

我們很難定義什麼是「靈裡的制止」，因為難以分辨。那是一種令人難以忽視的不安感覺。那是一種第六感，你對某件事就是覺得不對勁。在你的靈裡就是沒有平安。靈裡的

6 使徒行傳16章6–9節。

制止或攔阻是神的紅燈。如果你不遵守這個徵兆，你可能會惹禍上身。

神關門是為了保護我們。

神關門是為了重新引領我們。

神關門是為了阻止我們偏離祂的最好計畫。

庇推尼是保羅的A計畫，對他而言，馬其頓或許感覺就像是B計畫。保羅可能把它當成繞道而行，但這趟馬其頓之行帶領他與一位名叫呂底亞（里狄雅）的女士有了一場神聖的會面，呂底亞是第一位歸信基督的歐洲人。[7]與此行類似的繞道行程，在保羅的宣教之旅中屢見不鮮。還記得保羅有回在海上碰上了一場風暴，導致他搭乘的船隻在海上漂流了十四天，最後在馬爾他島觸礁擱淺嗎？這是一場船難嗎？或者，它其實是一次化妝的祝福，促成了一個神預定的會面？要讓保羅與馬爾他島總督部百流（頗里約）會面、醫好總督生病的父親，還有什麼其他方法可以做到呢？[8]

巧合暗示著船難。

天意需要神聖的會面。

記得這句古老的格言嗎？「不要從封面判斷一本書的優劣」。這也可以套用在我們的處境上。我們覺得是「繞路」和「遲延」的事情，往往是神為了促成神聖的會面而採行的做法。而且，這類事情通常都是從關門開始。

時候未到

幾年前，蘿拉和我在國會山一帶找房子。我們在這裡落腳的第一個住家，感覺有點像是《星際大戰》裡死星上的那台垃圾壓縮機，它差點把天行者路克、韓索羅、丘巴卡和莉亞公主一行人壓扁。隨著孩子們長大，我們十五英尺寬的排屋變得愈發狹小擁擠。我們就是在那時候，在離我們住家不到一個街區遠的地方，看到了我們心中的夢想屋，它的面積寬度足足比我們當時的房子多了一倍又兩英尺寬！

我們決定出價購買，儘管我們的報價遠低於售價，但我們覺得那是相當合理的價錢，那也是我們財務的上限了。因此，我們的第一輪出價其實就是我們的最後報價，我們把它當作羊毛測試。由於房地產市場不景氣，成交的時間也跟著延長，我們以為自己會成交。結果我們想錯了，賣家拒絕我們的出價。我們是多麼渴望買下這間房子，但我們也把屋主的拒絕當作同樣強烈的放棄徵兆。我們失望至極，無心繼續看屋，只好作罷。

在更進一步的說明之前，我要先解釋我所謂的「羊毛」是什麼意思。我們在聖經裡的先例是基甸，他把一團羊毛放在他的禾場上一整夜。[9]基甸對於神的呼召感到猶疑，因此

7 使徒行傳16章11–15節。
8 使徒行傳27章；28章7–8節。
9 士師記6章36–40節。

他把羊毛放在地上一整夜，作為確認的憑據。他求神使羊毛周圍的地面保持乾燥，但清晨的露水要滴濕羊毛團。然後，他把這個測試倒過來，求神使羊毛保持乾燥，而露水要滴落打濕地面。神以恩慈應允了基甸的要求，兩種情況都應驗了，使得基甸無論是在情感上或理智上都確認了他的呼召。

關於基甸是否該作這項測試，出現了一些爭議。我怎麼看呢？我認為基甸是懷著一顆謙卑的心跟神求確據，而神兩次都應允他，給了他答案。我認為羊毛代表神應允的印記，但我要在此提出一些警告和指示。

首先，測試你的動機。如果你不測試你的動機，你可能是在試探神，這不是個好主意。請確定你是出於正確的理由求問神。不論神的回答是什麼，你準備好都要順服神嗎？還是，這個羊毛團只是推託的藉口？如果你只是為了尋找一個輕鬆省力的答案而這樣做，那我只能祝你好運。你測試的動機無論如何都是出於真心誠意、渴望要尊榮神。

第二，延遲的順服就是不順服。切記，羊毛不是一種拖延的把戲。如果神已經明確回應，請勿考驗祂的耐心。切記，羊毛不是信心的替代品。切記，踏出信心的第一步，神才會顯明第二步。有些時候我們尋求神的旨意，而有些時候我們要付諸行動。

第三，禱告的內容要明確。如果你不具體定義你的羊毛，很容易會出現假性否定或肯定。基甸的羊毛測試是講得很具體的，而且這個事實不容打折：羊毛測試需要神的介入。

回到我們的夢想屋。在我們出價被拒後差不多過了一年，我們有天開車經過這棟房子，蘿拉說：「你覺得這棟房子就是溜走的那個嗎？」我們並沒有對這棟房子念念不忘。事實上，我們幾乎每天都會開車經過這裡，從未有過其他想法。但是蘿拉脫口而出的那句話，一定是個先知性預言，因為隔天早上，這棟房子前面就出現了「出售」的牌子。

讓我說得更清楚一點：有時候，神給的「徵兆」（sign）就是「牌子」（sign的字面意義），例如一個寫著「出售」的牌子！不要輕忽顯而易見的事物。蘿拉和我不知道這棟房子一直沒有賣出去，它只是從售屋市場暫時消失了二百五十二天而已。根據時機來看，我有一個神聖的預感，神可能正在做一件事情。或許，祂在一年前說的「不」，其實是**時候未到**。所以，蘿拉和我決定把我們的羊毛再一次放在地上。

儘管還是同一位屋主，售價沒有變，我們也仍然維持相同的出價——這個報價之前已經被拒絕過一次了。我們無意冒犯賣家，但我們坦白告訴房仲，這是我們的第一輪出價也是最後出價。結果，不僅賣家接受了我們的報價，由於房市景氣回溫，我們也用比一年前高很多的價錢賣出了現在的住家。

當神關上一扇門，我們常常以為那就是祂的最後答案。我們在神打上逗點的地方，畫上了句點。我們以為那是**拒絕**，其實是**尚未**。要分辨這二者容易嗎？一點都不容易。我們很難知道何時該抓牢、何時該放手自己的夢想。但這裡有一個經驗法則：如果你感覺神向你的夢想說「不」，就放手把它還給神。比起緊抓不放，放手更需要勇氣。但如果神沒有要你放手，那就繼續堅持下去。

驢子說話

出現在聖經裡的最古怪事情之一，是一隻會說話的驢子，但願我們可以理解這個故事所要傳達的寓意。如果神可以透過一隻驢子說話，祂當然可以透過萬事萬物說話！請原諒我的胡亂聯想，我甚至懷疑這隻驢子是否有英國腔。但不管怎樣，那是我的理解。「我向你作了什麼，你竟打我這三次呢？」驢子說。我愛極了這隻驢子的伶牙俐齒！我也喜歡巴蘭回應驢子的方式，他的心跳沒有漏掉一拍，彷彿這很正常：「因為你作弄我。但願我手中有刀，現在就把你殺死。」[10]

以下來點輕鬆的花絮，如果你有一隻會說話的驢子，你最不想做的事情就是殺掉牠。這隻會說話的驢子是你的搖錢樹！帶著牠做街頭表演，或是登上拉斯維加斯的舞台！不論你有什麼打算，千萬不要殺了這隻會說話的驢子。

我喜歡這個事實：這隻驢子口齒清晰，是一隻理智的驢子。「我不是你從起初一直所騎的驢嗎？我以前曾向你這樣行過嗎？」[11] 這隻驢子講話像是一個律師向陪審團重述事實。牠的先知主人怎麼回應呢？他的回答只有二個字：「沒有。」我猜想他是低著頭咕噥吐出這二個字的。

就像巴蘭，在我們一心要去的路上，如果有任何事物擋住我們的去路，我們就會感到失落。班機延誤五分鐘，我們就覺得洩氣，即使飛機是以我們祖先無法想像的速度載運我們往返。簡言之，我們想要在我們想要的時間，得到我們想要的東西，而我們通常想要**現在**就得到它。但有時候，阻礙就是道路！神攔阻我們眼下的去路，以顯明正確的道路。

天使擋在巴蘭行經的路上，說：「我來敵擋你，因為你走的路在我面前邪僻。」[12]

這個字「邪僻」源自*yarat*這個希伯來字，它是魯莽駕駛的古代同義字。它是指在霧中超速開車，超出了頭燈可見的煞停距離。它是指在行經加州太平洋海岸公路的S彎道時，以時速三十英里超速行駛。

如果神使你放慢下來，不要感到驚訝。

如果神阻擋你的去路，不要感到驚訝。

為什麼？因為神是如此深愛著你，祂無法看著你莽莽撞撞地使自己陷入麻煩中，而坐視不管。

如果巴蘭的驢子教會了我們什麼事，那就是：神可以使用任何事物達成祂的目的，祂可以在任何地點、任何時間、以任何方式這麼做。而且，神特別喜歡揀選世人所認為愚拙的，來使聰明人羞愧；祂也揀選世人所認為軟弱的，來使那些堅強的人羞愧。[13]換句話

10 民數記22章28–29節。
11 民數記22章30節。
12 民數記22章32節。
13 哥林多前書1章27節。

說，我們全都有資格被揀選！

睡眠者效應

溫約翰（John Wimber）是「葡萄園事工」組織（Vineyard Movement）的創辦人，因為他靈性的真誠而備受推崇。對我們大多數人而言，信仰的道路充滿迂迴和曲折，但溫約翰的信仰旅程使我多少想起了巴蘭。

溫約翰在二十多歲的時候，自稱是一個異教徒。他從來不把神放在心上。有一天，他前往洛杉磯下城區跟他的毒販借錢，途中，他和一個身上掛著廣告板的走路工一起過馬路，板子上寫著「我是基督的傻瓜」（I am a fool for Christ）。溫約翰心想那是他看過最蠢的事了，像驢子一樣蠢。當他與那個人擦身而過時，他注意到廣告板的背面寫著：「你是誰的傻瓜？」不知為何，那個廣告板播下了一顆種子在他的靈裡。

在繼續述說溫約翰的故事前，我要先分享聖靈一個不可思議的行事作風。在心理學裡，有一個被稱為「睡眠者效應」（sleeper effect）的現象。一般而言，說服的效果會隨著時間而遞減。這也是為什麼廣告商會在廣告訊息的說服效果減弱之前，設法促成交易。但其中也有例外，它們的成因仍然讓研究人員有點不得其解。他們無法百分百確定為什麼會發生這樣的事，但有些訊息的說服力確實會隨著時間而增強。我認為福音是最好的例子，而這得完全歸功於聖靈。聖靈可以收割在數十年前播下的種子，或是使蟄伏在我們潛意識深處的想法重新浮現。

在那個廣告板插曲發生許多年後，十足的懷疑論者溫約翰跟著妻子參加了一個查經班。突然，他的妻子無預警地放聲大哭，在全班面前向神認罪。對妻子的真情流露，溫約翰毫不掩飾地表現出他的厭惡：「這是我看過最蠢的事情，我永遠都不會這樣做。」就在他這樣想的時候，他忽然想起那個廣告板。在他還搞不清楚究竟發生了什麼事之前，溫約翰已經跪在地上啜泣著，也祈求神赦免他的罪。

冒著觸犯一些人的風險，我要老實說，我從來不是「看板佈道法」（billboard evangelism）的忠實粉絲。我認為在友誼的基礎上與人分享我們的信仰，是有效得多的傳福音方法。但我們也要謙卑地承認，神可以透過任何人，在任何地點、時間，藉著任何方式說話。而我絕不會告訴神該怎麼做。畢竟，祂是透過驢子向人說話的神，而祂至今依舊使用著像你我一樣的愚拙之人！

驚訝的元素

以下我們會快速瀏覽幾處經文，以顯明神總是在對的時間、對的地方顯現。神顯現的時間無可挑剔，但祂的方法不可預測。還記得耶穌為了慶祝逾越節而給門徒的指示嗎？

你們進了城，必有一個人頂著水罐，迎面而來，你們就跟著他，到他所進的那一家，對家主說，老師問你：「客廳在哪裡？我和門徒好在那裡吃逾越節的晚餐。」他必指示你們樓上一間布置整齊的大房子，你們就在那裡預備。[14]

這段經文聽起來很像一支尋寶的年輕人團體，不是嗎？接著，是耶穌在繳稅季節給彼得（伯多祿）的指示：

你要到海邊去釣魚；把第一條釣上來的魚拿起來，打開魚的嘴，你就會找到一個大銀幣。你可以拿去交給他們作你我的殿稅。[15]

這一定會被列入聖經中最瘋狂的命令之一！我好奇的是，彼得是否認為耶穌是在開玩笑。畢竟，彼得可是專業漁夫，他一生捕過的魚不知凡幾，我很肯定沒有一個門徒曾在魚的嘴裡發現銀幣。想想看，這樣的機率有多少？

以下是我的幾點觀察。

首先，神樂意用不同的方式施行神蹟。神的行事作為無法被簡化為一個公式。當你以為你已經瞭解神了，祂又會投一個變化球給你。相信我，你不需要告訴神祂該怎麼做。你只要聆聽神說了什麼，然後照做就好。此外，如果你想要經歷不可思議、古怪至極的神蹟，你必須順服看似瘋狂、卻出自於神的督促。

第二，神喜歡在我們最意想不到的時間和地方，給我們意外的驚喜。提到捕魚，我確定彼得認為他可以指點耶穌一二。畢竟，他是一個專業的漁夫。我們最擅長的領域，正是我們認為自己最不需要神的地方。或許，那其實才是我們最需要神之處。

耶穌可以用更傳統的方式給彼得提供稅款，但就不會如此令人驚嘆了。會說話的驢子和會從嘴巴吐出銀幣的魚，我不確定哪一個更瘋狂！但無論是哪種方式，它們都不是異常情況，而是順理成章的事，它們都在神的意料之中。而且，神的出人意表，從當時到現在都一樣。

你是怎麼讀聖經的呢？你是把聖經當作歷史書來讀嗎？或者，你把聖經當作一本活生生的書來讀？你在讀聖經時，是認為神已經完成了祂要做的事，從此不再做了嗎？還是，你相信神會一而再、再而三地繼續做祂在聖經裡所行的事蹟呢？

我們大多數人都以錯誤的方式閱讀聖經，對聖經缺乏期待。我自己則是秉持著這個核心信念來讀經的：如果我們做聖經人物所做的事，那麼神也會做祂曾經做過的事。為什麼？因為神是昔在、今在、永在的神。我還要更進一步擴展這個信念：我們甚至要做「更大的事」。

14 路加福音22章10–12節。
15 馬太福音17章27節。

在今天，

我們比較不需要聆聽神的聲音嗎？

我們比較不需要神蹟嗎？

我們比較不需要恩賜嗎？

我們比較不需要徵兆嗎？

我們比較不需要敞開的門和關上的門嗎？

以上的答案是不、不、不、不、不！

願神潔淨我們的期盼，而能與聖經並行不悖。願我們懷著和葛理翰牧師一樣的期盼，跟神禱告說：「主啊，再做一次！」這是葛理翰牧師在參觀衛斯理故居時所做的禱告。

隨著時間過去，有兩種狀況可能會發生，而我們可以自己選擇要哪一種。一種是我們的神學觀跟隨我們的現實生活，所以我們的盼望越來越小，到最後幾乎不再相信神的任何事情。另一種是我們的現實生活跟隨我們的神學觀，以至於我們的盼望越來越大，終至凡事都能信靠神！

第8章

第四種語言
夢——異夢與異象

你們的青年人要見異象，你們的老年人要作異夢。——使徒行傳2章17節

生活中的小確幸之一，就是能夠喝上一杯速食店的香草奶昔，所以開車經過福來雞速食店卻不到得來速通道點上一杯，就像是犯了疏忽罪一樣。為什麼？因為那不只是冰淇淋而已，更是一個冰淇淋之夢。「多吃雞肉」這個異象可以追溯到福來雞的創辦人特魯特．凱西（Truett Cathy）身上，但香草的異象又可以追溯到更遠，可以一路溯源至一個居住在某印度洋小島上的十二歲奴隸男孩。

蘭科植物家族總計有二萬八千種已知植物，規模之大在全球植物家族中名列前茅。但其中只有一個屬可以結出可食的果實——香莢蘭屬。我們把香草發出的香味視為理所當然。香草堪稱是全球最受歡迎的香料，但在一八四一年，全球生產的香草豆不到二千種，而且全部產自墨西哥。由於它是如此稀有，香草曾經風靡一時。

西班牙國王菲利浦二世的御醫法蘭西斯科．赫南德茲（Francisco Hernandez）稱香草為神藥，可以緩和胃痛、醫治毒蛇的咬傷、緩解腸胃脹氣，以及有助排尿通暢。奧地利安

娜公主把香草加在熱巧克力裡飲用。英國女王伊莉莎白一世把香草加在布丁裡。還有，美國總統湯瑪士．傑佛遜除了《美國獨立宣言》作者之外，還有另一種身分——第一份香草冰淇淋食譜的作者。

讓我們回到十二歲的奴隸男孩艾德蒙身上。在聖蘇珊娜市的留尼旺島（Island of Réunion）上，矗立著一座名叫艾德蒙的孤兒的銅像。他從未接受正規的學校教育，卻想出辦法解決了十九世紀一個重大的植物學謎團。

一八二二年，留尼旺島上有個農場主從法國政府那兒拿到了一些香草蘭。不過，最後只有一株存活下來，而且過了將近二十年都不結果。有三百年的時間，在墨西哥以外的地方所種植的香草蘭，都面臨了類似情況。直到二十世紀晚期，人們發現了一種綠色蘭花蜂，才找到破解這個植物學謎團的關鍵拼圖。沒有這種蜜蜂來授粉，墨西哥之外的香草蘭無一能開花。換句話說，直到艾德蒙施展他的魔法，這個問題才終於獲得了解決。

一八四一年，費雷奧．貝里耶—爾博蒙特（Ferréol Bellier-Beaumont）偕同艾德蒙巡視自家的植物園時，突然發現他的香草藤竟然結出了兩顆豆子！艾德蒙這才冷靜地向他吐露實情——他用手為香草做了人工授粉。費雷奧不相信艾德蒙的話，要他當場示範，於是艾德蒙用大拇指和食指輕掐花粉囊和受粉的柱頭。聖蘇珊娜市的艾德蒙銅像所呈現的就是這個姿勢。法國人稱之為「艾德蒙的姿勢」。

一八五八年，留尼旺島外銷了兩噸香草。到了一八六七年，這個數字達到二十噸。

到了一八九八年，外銷的數量已經飆高到二百噸。留尼旺島正式超越墨西哥，成為全球最大香草豆生產地。而這都要追溯到一個名叫艾德蒙的十二歲男孩，他用手為一株香草藤授粉。從那株香草藤開始，一項產值高達十億美元的產業於焉誕生。

每個夢想都有一個族譜。這適用於冰淇淋之夢，也適用於你的夢想。我們的夢想都是前人所搭建，我們又追隨前人的腳步，為後人搭起他們的夢想。因此，我們的夢想其實是夢中之夢。我們都是夢想的下線，而所有夢想都可以一路追溯至創世之初的「要有光」。創造是神的原始姿態，十字架是神的憐憫姿態，復活是神的宏偉姿態。而神至今仍然繼續透過聖靈的動工，賜給人們異夢和異象來完成祂的計畫和目的。

夢是第四種愛的語言，這是神的通用語。在聖經裡，沒有任何一種方言比作夢說得更流利或更頻繁，不論那是夜晚或白天作的夢，都是神所賜予。

雅各在一個被稱為伯利恆（白冷）的地方所作的夢，改變了他的人生軌跡。他的兒子約瑟為法老解夢而挽救了兩個國家。先知但以理解夢拯救了巴比倫的智者。約瑟（若瑟）和馬利亞所作的一個警告之夢，要他們逃往伯利恆，藉此拯救了彌賽亞。保羅在異象中看到了一個馬其頓人，而把福音傳到了歐洲。如果你是耶穌的非猶太裔追隨者，你的屬靈族譜可以溯源至一個雙重異象——哥尼流（科爾乃略）在異象中看到了彼得，彼得則在他的異象中看了哥尼流。

神實在太常在夢中向人說話了，所以我們要一再重溫聖經裡提到的這些異夢。還記得神說要給所羅門（撒羅滿）任何他想要的東西（一張隨便他填寫的空白支票！）嗎？那是一個異夢，當所羅門醒來，他求神給他一顆明辨的心，[1] 它的真正意思是「一顆聆聽的心」。所羅門想要聽見神的聲音，這渴望超越了一切。那便是所羅門成為全世界最有智慧之人的源起。

右腦的想像力

為了能完全理解「夢」這個語言，我們必須對神經解剖學有一點認識。沒有任何事物比人類頭顱裡那個只有三磅重的灰質結構更加神祕或神奇的。宏觀來看，人類大腦包含了兩個大腦半球，它們的功能類似平行處理器。胼胝體把左右大腦連結在一起，使它們有部分功能互相重疊，不過左腦專司邏輯，右腦則專司想像力。

神經解剖學家已經定位出執行各種神經系統功能的腦區和亞區。杏仁核處理情緒，我們已在渴望的語言那一章探討過了。側顏區位在延髓裡，專司慢波睡眠。當你走進最喜歡的餐廳，下涎核會被活化。左頂葉則是你能夠理解剛讀過的內容的原因。

我們把它拿來與「最大的誡命」並列：「你要全心、全性、全意愛主你的神。」[2] 全意愛神的全意（all thy mind）有包括內側前額葉皮質嗎？這個腦區使我們能夠發現有趣的事物，而答案很明顯就是「當然包括」！事實上，地球上最快樂、最健康也最敬虔的人，是笑得最多的人。遠在神經成像學出現之前，聖經就聲明了喜笑乃是良藥。[3]

神想要潔淨我們的幽默感，以及我們心靈的其他面向和功能。對右大腦的想像力而言，那看起來像什麼呢？詳盡的回答需要再寫一本書才能說得清楚，簡言之就是神所賜的宏大夢想。畢竟，我們的夢想大小，確實反映了我們所信仰的神的大小。

如果我們相信是神設計了人類的心靈，那麼是什麼使我們相信祂不會透過心靈的各種組成來向我們說話呢？我們甚至可以論證人類心靈的每個獨一無二特徵，都是神的形象的一部分。神有時候透過杏仁核向我們說出渴望的語言。當邏輯可以使我們前往祂要我們去的地方，神有時候就用邏輯向我們說話。神當然也透過五感向我們說話，五感則連結於大腦頂葉。此外，神還會透過過去的記憶和未來的夢想，向我們說話。

我最近參加了一場會議，在會議上，國家衛生院（National Institutes of Health）院長弗朗西斯．柯林斯（Francis Collins）和大家分享了一項長達十年的腦迴路研究的初步發現。研究團隊經過三年的研究後，新發現的問題和已獲解答的問題一樣多。舉例來說，聲音和視覺的辨認所產生的謎團更甚以往，人類存取記憶的方式也是，但這當中最大的謎團，可能就是人類的想像力。

1 列王記上 3 章 9 節。
2 馬太福音 22 章 37 節。
3 箴言 17 章 22 節。

我支持這一派的觀點：我們透過全力學習盡力而為，來管控大腦。但我也相信神住在我們的大腦突觸裡，並且透過思想、構想和夢來向我們說話。

每一個能使我們腦中八百六十億個神經元大感振奮的想法，都要歸功於神，當我們還在母腹中的時候，祂就使我們成形。當我們腦中出現一個想法，而且要比我們在最好日子所產生的最佳想法都更好的時候，這個意念可能是從神而來。那雖不能與聖經相提並論，卻是超越一個「好點子」的一步。

要區別「好點子」與「神的點子」容易嗎？不，一點都不容易。我要再次重申，即使是那些我們覺得是從神那裡領受而來的點子或想法，都必須經得起聖經的檢視。不過，當神給了一個我們不認為是出於我們自己點子的時候，我們一定要將這個功勞歸給原主，而且我們有責任將這些心意都奪回來，使其順服基督。[4]

心智電影

一九五六年，羅倫．古寧漢（Loren Cunningham）還是個二十歲的學生，他那時候跟著一個演唱團體前往巴哈馬演出。有天晚上，他整個人攤在床上，頭枕著兩個枕頭，然後打開他的聖經。羅倫照例祈求神向他說話，但接下來發生了不可思議的事情。

「我猛然抬起頭，看著一張世界地圖，」羅倫說：「我看到地圖是活生生的、是動態的！」羅倫猛搖自己的頭，用雙手搓揉眼睛，就像《納尼亞傳奇》中的主角看到圖畫裡的「黎明行者號」幻化成真時一定會有的反應一樣。羅倫把它比喻成一部心智電影（mental movie），他看到畫面中海浪拍打著海岸，直到最後所有陸地都被海浪淹沒。「海浪變成了年輕人——和我一樣年紀的孩子，甚至要更年輕——覆蓋了所有陸地。」羅倫看見這支青年大軍站在街角、酒吧外面，挨家挨戶地向人傳福音。

羅倫不確定他所看到的這個異象的真正含意是什麼，但他將其轉變為「青年使命團」（Youth With A Mission，簡稱YWAM）這個全世界最大的差傳組織之一，差派傳教士至世界各地傳揚福音。半個多世紀後，這個組織的成員總計超過一萬八千名，分散在全球一百八十餘國的一千一百個宣教據點。

這種異象對某些人而言顯得有些不尋常，但那不就是神在迦巴魯河邊向以西結，或是在烏西雅（烏齊雅）王死後向以賽亞說話的方式嗎？整卷〈啟示錄〉就是一部電影，由當時被放逐到拔摩（帕特摩）島上的使徒約翰記錄下來。我當然不是在暗示我們的夢想可以與聖經相提並論，畢竟，那些異象都是聖經正典的一部分。但是，是什麼原因讓我們認為神不再透過相同的方式向人說話，尤其是當神說「祂會」的時候？異夢和異象證明了我們生活在末世[4]。

4 哥林多後書10章5節。

> 神說：在末後的日子，我要把我的靈澆灌所有的人，你們的兒女要說預言，你們的青年人要見異象，你們的老年人要作異夢。[5]

被神的靈澆灌的超自然副產品之一，就是作異夢和見異象，但說預言也是這個不分售套組中的一部分。我們不僅要為自己、也要為別人來分辨神的聲音！這是預言的定義之一，但如果它的呈現方式是心智電影，也不要感到驚訝。

我要提出一個重要觀點：神所賜給我們的異夢（或夢想）固然是為了我們，但從來不僅是為了我們自己而已，是為了每一個會受其影響和激勵的人！古寧漢會是第一個說出青年使命團不是關乎他，而是關乎一萬八千位同工以及無數歸信基督者的人。

如果你的夢想是經營一家企業，那麼你的員工會是神所給你的這個夢想的受惠者，購買你們產品或服務的顧客也是受惠者。不論你從事什麼行業，這個原則一樣適用！如果你是醫生、律師或教師，你不僅是為了自己而去念醫學院、法學院或研究所，你是為了每一位你未來的病人、委託客戶和學生而念的。

我在念神學院的時候，看了一齣舞台劇《玩具製造商之夢》（*The Toymaker's Dream*），我深受影響，因為這部充滿想像力的戲劇把造物主改成玩具商。我不知道是誰製作了這齣舞台劇，直到我在將近二十年後與它的製作人湯姆．紐曼（Tom Newman）見面，才終於能當面向他道謝。神使用這部戲劇，對我的生命以及全世界不同地方的人，產生了重大影響。《玩具製造商之夢》在前蘇聯上演時，吸引了七萬五千名觀眾觀賞，其中包括了青年共產黨的重要成員！我知道神使用這部戲劇帶來全球性的改變，但老實說，我覺得自己是一個主要的受惠者。

我的一個核心信念是，教會應當是地球上最有創意的地方。我相信，一定還有某些牧養教會的嶄新方法，是還沒有被我們想出來的。身為作家和講道的牧者，我嘗試老話新說。我的這些價值觀並非無中生有，它們受到廣泛經驗的催化，其中一個就是《玩具製造商之夢》，而那就是夢想的美妙之處。你永遠不知道你的夢想會在何時、何地或以何種方式，激勵其他人追求他們的夢想。只有那位賜人異夢的上帝知道。但我們有一天會感謝許多人，因為他們間接或直接地激勵我們作夢。

心智圖像

全國社區教會現在有七個會堂，但那不是我們最初的異象。由於一次失敗的植堂經歷，我只期望能有一間教會就心滿意足了！後來，我有一天行經華府東北區F街5號，上帝給了我一個異象，那個異象改變了一切。如同上帝給了古寧漢一幕心智電影，我在心中

5 使徒行傳2章17節。

看見了一張地鐵地圖，我看見全國社區教會化成一個個小圓點，沿著整個華府地區地鐵停靠站的戲院擴展。

當我第一次看見這個多據點聚會的異象時，「多據點」（multisite）這個字彙甚至尚未誕生。我們預計在二〇二〇年新增二十個不同形式的福音據點，包括建立會堂、咖啡館和夢想中心。我不知道我們的終點在哪裡，但每一種形式的福音事工都可以溯源至出現在F街5號街角的那個低聲密語。

神透過夢向人說話，心智圖像便是其中一種夢的方言。我發現，當我為其他人禱告時，這點又格外真實。這聽起來可能很玄，但我會論證這是合乎聖經的。

大衛在與部下的妻子拔示巴（巴特舍巴）行淫後，神為了讓大衛回轉，差派了先知拿單（納堂）去見他。如果拿單直接就用大道理去勸戒大衛，我懷疑大衛是不是會出現防衛性的反應。相反地，神給了拿單一幅生動的圖像，它的功能類似於特洛伊的木馬，圖像中包含了一個關於羔羊的故事。先知拿單會說這個故事並非巧合，因為早年大衛在成為國王之前，他曾是一個牧羊童。這個故事讓大衛放下了防衛心，輕敲著他心中某個只有故事能觸動的部分，最終促使大衛向神全然地認罪悔改。

拿單採用故事的理由，和耶穌透過比喻教導人的理由一樣。用故事來說理雖然要花更多的時間和心力，但提到「用愛說誠實話」，很少有比說故事更有效的方法。

這或許就是為什麼神會用心智電影和心智圖像向我們說話。

太過瘋狂

提到白日夢，我作過太多了。但提到夜晚作夢的次數，我想我低於平均值。我幾乎不記得我作過的夢，即使有，在我看來也都是些怪誕離譜的夢。不過，我的朋友柯帝斯・帕克司（Kurtis Parks）最近挑戰了我的看法，他告訴我，他長久以來的一個習慣，就是求神透過異夢向他說話。

在成為全國社區教會的同工前，柯帝斯在不同的營會和教會走唱，但他在白天有個快遞工作。當他無預警地失去快遞工作時，他不知道該怎麼維持日常生活的開銷。有天晚上，他在上床就寢之前，把這件事放進禱告中，然後那晚他夢到了他在維吉尼亞州夏洛特維爾的一間教會裡，帶領敬拜。隔天早上，柯帝斯被一通電話吵醒，在電話那頭，他夢中那間教會的牧師邀請他在那個週末，到他們的教會帶領敬拜。柯帝斯甚至以他在夢中所唱的詩歌〈救恩已降臨〉（Salvation Is Here）作為這次敬拜主領選唱的詩歌。他拿到的報酬比他每月要支付的貸款略多一點。「那是一個強大的時刻，讓我明白一件事：上帝知道我在清醒時的焦慮，而在夢境中給了我確據。」柯帝斯說道。

對於從未經歷過的事情，我們往往會心生質疑，尤其是夜間所作的夢這類事情。如果我們不加注意，就會覺得那些以我們從未經歷的方式經歷神的人，是不是太過瘋狂了。不過，那或許是因為我們太過正常了。既然聖經中已經出現神透過異夢說話的先例，我們為什麼不跟神祈求相同的經歷呢？我們得不到，或許是因為我們沒有這樣求。

我的妻子蘿拉和她的妯娌妮娜，最近在我們的宣教士友人湯尼和潔米倆夫婦的陪同下，利用一個星期的時間探訪了在希臘塞薩洛尼基（Thessaloniki）的一處難民營。他們遇見了一對難民夫妻，丈夫艾曼紐在伊朗出生成長，他的妻子亞曼達則來自庫德斯坦，他們向蘿拉與妮娜分享了自己的見證。

艾曼紐是什葉派的穆斯林，祈禱自然成了他例行宗教生活的一部分。但是當他祈禱的時候，他感覺不到神有在聽。有個朋友給了他一本聖經，告訴他耶穌想要和他說話，於是艾曼紐跟耶穌祈求說如果祂是真的，就向他顯現。他的祈求成真，艾曼紐真的看見了耶穌，並且聽見祂跟自己說話。歸信基督讓他面臨了殺身之禍，他只得逃離伊朗。這促成了他在土耳其的伊斯坦堡遇見未來的妻子亞曼達。那不僅是個一見鍾情的故事而已。神的微小聲音告訴艾曼紐，亞曼達將會成為他的妻子，儘管兩人不會說對方的語言。就在他們結婚的隔日，奇妙的事情發生了，艾曼紐竟然會說也聽得懂庫德語！我沒有打錯字，真的是這樣！這足以媲美聖經所記載、發生在五旬節的事件。

這對新婚夫妻最後逃離土耳其，坐船來到希臘。這趟旅程比預期的要長，在半路上，亞曼達生了一場重病。有一天晚上，一道光射進他們在難民營所住的帳棚內，艾曼紐聽到了一個微小的聲音說，幫助就在路上了。隔天，兩個女人出現在他們面前，說神差派了自己來幫助他們夫妻兩人。他們把亞曼達帶到一家醫院，但醫生對她的病束手無策。後來有天晚上，亞曼達看見耶穌站在她的床邊，按手在她的頭上，祈禱她的病得醫治。當她醒來時，她的症狀全都消失不見了，她的病痊癒了。醫生不同意讓她出院，但亞曼達自己辦了出院手續，而且立即受洗。目前，這對夫妻正在接受培訓，預備在希臘塞薩洛尼基當地一間教會服事，成為該教會第一批說阿拉伯語的牧師。

一個普通的上班日，這可能就是你的生活寫照，對吧？或許那樣的神蹟沒有發生在我們身上，但類似的神蹟無時無刻不在全球各地發生。穆斯林難民透過異象、神蹟和基督徒的殷勤款待，歸信了基督。那是因為許多穆斯林沒有聖經，神就透過神蹟向他們說話。

或許，這適時地提醒了我們，神**現在**正在做祂**當時**所做的事情。而且，神或許想要在**這裡**做祂在**那裡**所做的事情。

關於異象的四件事

聖經所記載一個最奇特的異夢，就是彼得看見有一塊大布被垂降到地上，布裡有各式各樣的四足動物、昆蟲和天上的飛鳥。然後，有聲音說：「彼得，起來，宰了吃！」我喜歡彼得的反應：「主啊，千萬不可！」

我很肯定，如果你稱呼某人為「主」，那「主」的後面絕不會緊接著「千萬不可」這四個字。但是，我可以理解彼得的猶豫。這個夢似乎更像是一個夢魘，因為這個夢境違反了每一項猶太潔食規範！彼得一定覺得自己就像是一個來到吃到飽牛排館的素食者。

接下來，我要把鏡頭拉遠，並提出我個人的幾點淺見。

首先，神所賜的異夢或夢想不會與聖經相矛盾。你可以主張上述異象是這個原則的例外，除非聖經正典還沒有拍板定案。神在汰舊猶太潔食律法的同時，也開始接受非猶太人信徒，而神透過一個異夢一次完成這兩個目的。神所賜的異夢或夢想不會帶領你逾越聖經的界限，但它會擴張你的境界，引領你去做你甚至不知道你有能力嘗試去做的事情。

第二，神所賜的異夢會面臨偏見。在當時，基督宗教基本上是猶太教的一個教派。這種把非猶太人納入基督裡的思想如此激進，以至於這個夢必須重複三次！有時候，這是神唯一可以使我們離開舒適圈的方式。我們希望神能做新的事情，但我們卻繼續待在舒適圈維持現狀，這樣做不會有任何成效。神的聲音挑戰現狀，輕推我們朝新的方向前進。

第三，夢的意義不一定能立即被理解。如果連彼得都必須釐清夢境的意義，我們或許也會經歷這樣的過程。有些夢我們立即就能明白它的意義，但其他的夢卻經過了數十年都讓人百思不得其解。夢就像門，經常是一扇門通往另一扇門又再通往另一扇門。

最後，如果你想要榮耀神，你必須願意冒險一搏。彼得甘冒大不諱來到哥尼流的家裡，嚴格來說，彼得的行為牴觸了猶太律法。但就像保羅一樣，彼得「沒有違逆這從天上來的異象」[6]，他向哥尼流傳講福音，哥尼流聽了之後悔改，使得基督福音不再獨屬於猶太人，外邦人也取得了與猶太人平等的地位。

如果你是非猶太人的基督徒，你的根源可以追溯到這個時刻。實際上，這要溯源至一個雙重異象，一個雙重的低聲密語。哥尼流照著神給他的異夢付諸行動，而彼得也照著神給他的異夢付諸行動，兩人奇蹟般地在途中相遇。

我們往往把這類故事看作異常、稀有之事，然而，它們難道不應該是正常現象嗎？只因為我們有聖經可讀，並不表示我們就該減少對神蹟奇事的期待！聖經所記載的神蹟奇事，反而會更加挑戰我們的信心！如果神使用一個雙重異象，在一個義大利士兵和一個猶太人使徒之間安排一場神聖的會面，祂豈不會也為我們做同樣的事呢？

還記得我的那個最大膽禱告，祈求上帝醫治我的氣喘一事嗎？我在講完這個信息之後，有一位訪客走向我，告訴我她在前一晚所作的夢。在夢中，她按手在我的肺部上禱告，而且我的肺得了醫治。她詢問我，她和她的丈夫能否照著她的夢境來為我禱告。老實說，我有點警覺，因為我與他們素昧平生。但我最不想做的事情，就是攔阻神要做的事，即使我覺得那有點怪異。後來我想一想，他們其實是冒著風險提出這個請求的，所以我答應這對夫婦可以按手在我身上，如同聖經的教導。[7] 接著他們開口禱告，求神治癒我的疾病。我不知道那個禱告在我的氣喘得醫治上扮演何種角色，但那是完整拼圖的一片。那是我的氣喘得醫治的一個觸媒和確據。那也是一個提醒，告訴我神行事奇妙。

6 使徒行傳26章19節。
7 雅各書5章14節。

純潔無偽的信心

一九〇八年四月一日，約翰．雷克（John G. Lake）在一個異象中，看到自己被載至南非講道。不像彼得的異象，他重複做了那個夢好幾次。十八天後，雷克一家啟程前往非洲，而他們的口袋裡只有一．五美元。雷克非常清楚，他們一家八口要移民南非，需要花上一百二十五美元，那是他們所有財產的一百倍。但他感覺神要他們去。

當他們全家抵達南非，雷克來到移民隊伍之中，儘管他身上的錢不夠他們一家進入南非國門。就在這時候，有個人拍了拍他的肩膀，給了他二百美元！雷克全家得以搭乘火車前往約翰尼斯堡，但他們在當地的住處仍然沒有著落，於是他們在途中禱告，求神提供住處。當他們抵達約翰尼斯堡車站，有個名叫古德伊娜芙（Goodenough）的女士前來迎接他們，告訴他們神告訴了她要提供住所給他們。

一個人生命帶來的影響力實在難以估算。約翰．雷克為整個南非帶來了極大的屬靈復興。他後來回到美國，建立了四十間教會。而他帶來的最重大影響力，是透過他的一個屬靈兒子戈登．林德賽（Gordon Lindsay），他創建了「基督傳萬國」（Christ for the Nations）這個宣教組織。

神為什麼要如此使用約翰．雷克？這麼說吧，如果有一個人願意帶著一家八口繞過大半個地球，以回應神所賜的異象，那麼神就可以使用這個人做任何事！他甘心樂意前往任何地方做任何事的心是無人能比的，而他對神的渴慕也是如此。

約翰．雷克曾經說過：「我相信，我是有史以來對神最渴慕的人。」要評斷一個人的自我評價並不容易，但我要說：如果你保持一顆謙卑和飢渴慕義的心，沒有一件事神不能為你成就，沒有一件事神不能透過你來成就。事實是，你越謙卑，神可以交付給你的異夢也越大，因為神知道祂會得到榮耀！

最後一個提醒。追求一個神所賜的異夢，不僅是把夢實踐了就好。事實上，圓夢只是次要。重要的是你在圓夢的過程中，你蛻變成什麼樣的一個人。偉大的夢使人偉大，因為我們必須倚靠一位偉大的神。沒有任何事情像神賜的異夢那樣，使我們常在神的面前屈膝！異夢促使我們過著完全倚靠神的生活。沒有神的同在，這個夢就無法完成！神賜的異夢促使我們更靠近祂一點，當神要我們前往祂要我們去的地方時，這就是神的做法！

第9章

第五種語言

人——留意身邊的「隱藏人物」

有這麼多的見證人，像雲彩圍繞著我們。

——希伯來書12章1節

一九六二年二月二十日，約翰．葛倫（John Glenn）坐在一個全長九十五英尺、從洲際彈道飛彈改良而成的火箭頂部駕駛艙內，火箭在卡納維爾角（Cape Canaveral）等待升空。在延遲了十一個小時後，指令艙通信員史考特．卡彭特（Scott Carpenter）終於說出了這個著名的句子：「天佑神速，約翰．葛倫。」

水星—宇宙神六號（Mercury-Atlas 6）從十四號發射平台冉冉升空。它以每小時一萬七千五百四十四英里的速度飛行，環繞地球三圈，在飛行了四小時五十五分鐘二十三秒後，從太空飛落至距離百慕達東南方八百英里遠的外海。葛倫立刻成了英雄——第一位繞行地球的美國人。但英雄也需要幫助，劃時代的事件往往有更精彩的幕後故事。

美國太空總署（NASA）所面臨的最嚴峻挑戰，不是把太空人送入太空，而是如何讓他安全返回地球。而這就是凱薩琳．強生（Katherine Coleman Goble Johnson）要以數學方程式解決的問題。要計算葛倫如何重新進入地球大氣層，需要頂尖的數學頭腦，凱薩琳正是他們當中的翹楚。但是她必須克服兩大挑戰：美國在一九六二年是一個白人至上的世界，凱薩琳和其他同在蘭利研究中心服務的黑人同事，被規定只能使用黑人專用的廁所，就是明證。還有，美國當時也是一個男人至上的世界。但是，你終究貶抑不了一位優秀女性出頭！

說到計算彈道和火箭發射時限，凱薩琳無人能敵。NASA在幾年前就添購了第一台IBM電腦，但是葛倫更相信人腦的運算結果。事實是，葛倫不願意升空，除非凱薩琳確認電腦的運算無誤。因此，葛倫提出了一個特別的請求：「讓那位小姐核對這個數字。」

我不想誇張這個事實。也可能NASA可以找到其他人來檢核電腦的運算數字，於是假裝同意葛倫的要求。但如果凱薩琳沒有做她所做的事，我不確定葛倫是否會同意升空。如果葛倫沒有繞行地球，美國就不會登陸月球。如果美國沒有登月，蘇聯就會。如果蘇聯贏得了這場太空競賽，他們可能就會贏得冷戰。

我要說的重點是：有一些人，我們從未聽過他們的名字，他們是隱藏人物，但他們卻以我們完全不知道的方式改變了歷史發展的軌跡。如果凱薩琳．強生沒有在九十七歲高齡獲頒「總統自由勳章」，我不敢說我們當中有誰曾經聽過她的名字。對了，除了獲得勳章，還有一部以她為主角、獲得奧斯卡提名的電影《關鍵少數》（*Hidden Figures*）。而且，凱薩琳．強生還協助把人送上月球，太酷了！

在每一個約翰．葛倫背後，都有一個凱薩琳．強生。這種模式也適用於聖經。在摩西背後，有亞倫（亞郎）。在大衛背後，有比拿雅（貝納雅）。在以斯帖（艾斯德爾）背後，有末底改。在以利沙（厄里叟）背後，有以利亞。在提摩太（弟茂德）背後，有保羅。用英國詩人鄧約翰的話來說，就是「沒有人是一座孤島」。

你知道路益師為什麼上教會嗎？不是因為他喜歡音樂，他認為教會的詩歌是「五流的詩，六流的作曲」；也不是因為他喜歡聽講道；更不是因為他喜歡人，他不喜歡人。路益師上教會是因為如果他不這麼做，他相信自己會落入他所謂的「孤獨的自負」（solitary conceit）。他知道，我們受造不是為了「凡事自己來」。

當我們把自己孤立在其他人之外，我們就成了一座孤島。就像湯姆．漢克斯在電影《浩劫重生》（*Cast Away*）裡演的一樣，我們最後只能在一顆排球上畫上人臉，給它取名為威爾森，然後開始跟它講話。

你知道上帝為什麼要把其他人放在我們的生命中嗎？原因不僅是為了克服孤獨的自負，也是為了克服孤獨的囚禁。神把其他人放在我們的生命中，是為了讓我們保持謙遜，並且激發出我們的潛能。我喜歡把這個過程想成人類版的彈珠台——我們彈向不同地方，與擁有不同恩賜、不同想法的人不期而遇。某方面來說，神使用這些人際關係的相遇，使我們前往祂要我們去的地方。

你知道要把一個人送上月球，大概需要動員四十萬人嗎？這需要一名二十六歲的任務指揮官史蒂夫．貝爾斯（Steve Bales）。需要一個二十四歲的電腦天才傑克．卡爾曼（Jack

Garman），他默記了每一個警示碼。需要羅伯特．卡頓（Robert Carlton）監控燃料的消耗，在登月火箭飛行了二十四萬零二百五十英里後，是他宣布了火箭燃料只剩六十秒，要立刻決定是讓登月艙著陸，或是放棄計畫。還有艾蓮諾．弗拉克（Eleanor Foracker），她是一名裁縫師，任職於一家設計太空衣的公司，當她和其他同事看到太空人從太空艙躍下月球的畫面時，感到一陣緊張，不過她縫製的太空衣接縫密實完好。他們只是四十萬人中的四個名字，但你已經明白我要說的重點了。沒有一個人登月是靠自己獨力完成的！

在這條始於亞當和夏娃（厄娃）的人類族譜鏈上，我們每一個人都是其中的一個環節。在這條人類族譜鏈上充滿著得勝的無名英雄，以及逆轉頹勢、反敗為勝的幕後英雄。而且，我們全都站在彼此的肩膀上！〈希伯來書〉十二章一節稱這條人類鏈條為「如雲彩般的見證人」：

> 所以，我們既然有這麼多的見證人，像雲彩圍繞著我們，就應該脫下各樣的拖累，和容易纏住我們的罪，以堅忍的心奔跑那擺在我們面前的賽程。

我們所有人的周圍，都有如同雲彩圍繞著我們的見證人，他們包含了影響我們生命的每一個人。他們是我們的家人和朋友、教練和老師，我還想到了牧師和作家。如果你以為出現在我們生命中的人都是出於偶然，無異是輕看了神的主權。神想要使用這些人對你的生命說話，祂也想要使用你向他們的生命說話！

膽怯的靈

神的第五種語言是「人」。沒錯，神可以透過一隻驢子向人說話，但更多時候，神使用人來說話。祂使用先知拿單責備大衛王。祂使用一位名叫末底改的養父規勸王后以斯帖。還有，祂使用一位名叫保羅的屬靈父親激勵提摩太：「因為神所賜給我們的，不是膽怯的靈，而是有能力、仁愛、自律的靈。」[1]

這是給我們的一節經文，是對提摩太的一個先知性預言。

要去分析提摩太的個性是件困難的工作，不過容我試試看。我認為，他是一個感性大於理性的人，這可以從他與保羅分別時哭泣就看得出來。[2] 男人的擁抱是一回事，哭泣則又有更深層的意涵。我無法證明，但我認為提摩太為自己的自卑情結所苦，並且為此掙扎。我不知道這是他的年齡還是人格所造成的，但提摩太似乎陷於不安全感中。這從保羅寫給哥林多教會的一封信的內容便可得到證實：「如果提摩太來了，你們務要使他在你們那裡不會懼怕。」[3]

這話中大有玄機——這句話表明了保羅的勸勉。

「懼怕」一字源自 *deilia* 這個希臘字。這個字在《新約聖經》中只出現在這裡，它的意思是膽怯。懼怕是面對危險時，無法不害怕。懼怕是缺乏勇氣和毅力。懼怕是缺乏膽識。第一世紀的歷史學家約瑟夫（Josephus）便使用了這個字來描寫那十個窺探應許之地卻帶回壞消息的探子，因為他們看見那裡的人民身材高大而心生恐懼。在詞源學上，「懼怕」是「殉道者」的反義詞，換言之，也就是為了保命而否定自己信仰的人。

說到這裡，我要告訴你提摩太是怎麼死的。根據教會的傳說，提摩太在八十歲時死於阻止一場異教徒遊行！膽怯的提摩太發生了什麼事？那絕不是懦夫的行為。提摩太一路被拖行，最後被石頭打死，死於殉道。我認為提摩太從懦弱的性格中破繭而出，終結了自己的膽怯畏縮。我認為，他決心要追隨他的屬靈父親的腳步：打那美好的仗，持守信仰。我不禁感到好奇，如果提摩太從遊行隊伍中聽到了保羅的聲音，那麼他的這個英勇舉動是否可以追溯至保羅當初的那句勸勉。

如果你已經跟著我一路讀到這裡，我相信我們之間已經建立起足夠的信任度，使我可以提出這個忠告：**不要再拿你的個性作為藉口了**！當你以個性為藉口，你就失去了自己的個性，反而被你的個性所支配。

當神呼召耶利米成為先知的時候，耶利米開始拿各種藉口來推託。他說：「主耶和華

1 提摩太後書1章7節。
2 提摩太後書1章4節。
3 哥林多前書16章10節。

啊！我不曉得說話，因為我年輕。」[4]我們也在做相同的事，不是嗎？我們不是這個太多就是那個不足。但如果神掌權作王，你就不會太年輕、太年老、太膽怯或太差勁。神打斷耶利米，說：「你不要說：『我年輕』。」[5]

你有哪些人格或個性成了阻礙你獨立自主的拐杖？

你有哪些藉口是需要跟神認罪的？

亞伯拉罕太老。

摩西犯了大罪。

彼得太過衝動。

雅各太過理性。

約翰太過感性。

提摩太過膽怯。

告訴我你的藉口是什麼，我會告訴你神要在哪方面使用你。那是神展現祂的恩典和榮耀的方式。

周哈里窗

我在念研究所的時候，有人跟我介紹了一個很棒的人類性格理論——周哈里窗（Johari

Window）。如果你覺得這名字有點怪，其實它是兩個人名「周」與「哈里」的組合。這裡所說的「窗」包含了四個部分，它們都是由你的個性和認知所形成的。

第一個部分是「開放我」，包含了「你所認識的自己」以及「別人所認識的你」。這是你的公眾人格，是你的臉書所展現的那個你。這也是每個人都知道、都看得見的那個你。

第二個部分是「隱藏我」，包含了「你所認識的自己」以及「別人所不認識的你」。這是你的另一個自我。這是沒有人看見的、私底下的你。這是把《綠野仙蹤》裡的奧茲國隱藏起來的那道簾幕。我們在這裡偽裝成我們想要成為的那個人，但這不過是在愚弄自己罷了。這是我們為什麼會隱藏自己的情緒或情感，也是我們會在靈性上卡住的原因。

我在念幼稚園的時候，很喜歡教會裡的一個小女生，我一定是表現得非常明顯，我的父母才會在教會大堂裡和一些人聊起這件事。我甚至不記得他們說了什麼，但我確信他們說的話絕對沒惡意。我有一對很棒的父母！但我記得那種無法言喻的羞愧感。當我們回到家，我把自己鎖在房間裡，還做了一個牌子，上面寫著「我永遠不走出這裡」，但我從來沒有做到（沒錯，我在晚餐時就出房門了）。然而，我從未從受創的情緒中走出來。我花了很長一段時間，才敢向人承認我喜歡某個女孩子，因為在我的潛意識裡，我害怕說出來會被人嘲笑。不過，問題出在我身上，跟我的父母無關。但這成了我的一個禁忌——我隱

4 耶利米書1章6節。
5 耶利米書1章7節。

藏自己的情感，我不回答這方面的問題，也盡可能避開這方面的談話。

在我們表面的背後，我們都有隱藏未說的心事。我們用愉快的笑容把它掩藏起來，但它隱藏在內心深處，是我們從未與之和解的深刻失望感。也是因為它，我們身處於某些特定處境時，就會產生很嚴重的焦慮感。它是我們始終沒有勇氣承認、隱藏在內心深處的罪，或是我們始終不敢說出口、隱藏在內心深處的夢想。它最終會導致空洞的談話以及膚淺的關係，而這不是耶穌所應許的豐盛生命。

擺脫「隱藏我」的唯一方法，就是認罪。我的意思不僅是向神認罪而已，你要採取更進一步的做法：「你們應當彼此認罪，互相代求，這樣你們就可以痊癒。」[6]當你認罪的時候，也要一併為自己找的藉口來認罪！還有你的恐懼、軟弱和懷疑。

向神認罪是尋求神的寬恕，但彼此認罪是療癒過程中一個至關重要的部分。這麼做不僅是為了你自己而已，也是為了你向其認罪的那個人！你的仇敵希望你繼續隱藏你的祕密，這是一種古老的孤立他人的伎倆。事實上，唯有當我們彼此認罪，我們才明白，原來我們不是唯一在為我們的驕傲、色慾或憤怒在苦苦掙扎的人。現在，透過彼此認罪，我們其實也幫助了彼此、挑戰彼此，以及彼此承擔責任。認罪給了對方機會來鼓勵我們、督促我們，以及安慰我們。

「如果我們能讀懂敵人不為人知的祕史，」美國詩人亨利・沃茲沃斯・朗費羅（Henry Wadsworth Longfellow）說道：「我們就會發現每個人的生命都經歷了哀傷和痛苦，而且多到足以化解你心中一切的敵意。」你所遇到的每個人都在為自己的人生奮戰，只是，除非他們願意坦承，否則你無法知道其中的隱情。

在我看來，我們有兩個選擇：成為「另一個自我」或是「祭壇上的自我」。擁有另一個自我，意謂假裝成那個不是真正的自己，這樣做絕對會讓自己的身心靈枯竭。另一個選擇則是把我們的自我放在神的祭壇上，找出我們在耶穌基督裡的完整身分。唯有如此，才能讓那個講話大聲的自我安靜下來！把自我放在祭壇上，意謂接受神對我們的評價，而你是祂所珍愛的。如果你看待自己比不上神所看的那個你，那是假謙卑。

檢查盲點

這把我們帶到第三個部分「盲目我」，這包含了「你自己不知道、但別人知道的你」。這是那個即將登台，拉鍊卻沒有拉上的你。在你的生命中，需要有個足夠愛你的人願意說該說的話：「把拉鍊拉上！」在這個部分，我們需要有屬靈父母，提醒我們拉上拉鍊。我們需要有屬靈朋友，允許他們可以用愛心向我們說誠實話。我們需要有負責任的夥伴，可以指正我們的錯誤，並且提醒我們，我們的誕生具有諸多意義。

6 雅各書5章16節。

在視神經穿過視神經盤之處，我們的每一隻眼睛都有一個盲點，它涵蓋的範圍大約是高七．五度，寬五．五度。我們很少注意到盲點，因為我們的大腦會根據視覺線索來填滿我們的盲點所看不到的東西，但盲點也是最容易導致我們做出誤判、接收假訊息和產生誤解的地方。

駕駛課的第一課就包含了在改換車道前，先檢查你的盲點。這是唯一避開車禍的方法。這個駕駛準則也適用於你的人生。這是神的第五種語言如此關鍵的原因。沒有了其他人的提醒，我們會出現盲點，而這些盲點就是靈性上的弱點。

我人生中的一個關鍵時刻，是有個實習神學生，很有勇氣地戳破了他在我身上所看到的驕傲氣息。起初，我對於他的指正採取防衛心態。但是當我明瞭他的指正無誤，我為自己的行為深切悔改。我也發誓要盡最大努力，不去批評其他的教會和牧者們，我決定要反過來，在人們的背後大力讚許他們——這後來成了全國社區教會力行的處事準則。

或許你比我成熟，但我通常不是很樂於聽別人說我不想聽的話。不過，如果那是我**該聽**的，那麼在一天結束之際，我最感謝的人就是他了。從那個關鍵時刻至今已經過了十五年，但我依舊對那位實習神學生心懷感激，他注意到了我身上所流露出來的驕傲氣息，而且因為愛我的緣故，向我說出了他的觀察。

還記得那些使我們對神的聲音充耳不聞的聲音嗎？批評的聲音會使我們看不見自己的潛能。但如果是出於愛心說誠實話，那麼在對的時間說對的話，則具有使我們被蒙蔽的眼睛打開的力量。

我們都有懸而未解的問題和未被醫治的傷害。我們甚至不知道自己有過度的防衛機制、制約反射和應對策略或技巧。如果與我們關係親密且信任的人，背叛了我們對他的信任，那會留給我們難以抹滅的傷疤。這道結痂的傷痕會讓我們很難再信任別人。如果我們沒有留意，我們的自我防衛行為會傷害我們自己，因為我們下意識地害怕相同的事情會再次發生。

要克服我們性格中的自我防衛特質，唯一的方法是展開徹底的自我發現之旅。自我發現不只是自我幫助而已！宗教改革家約翰．加爾文（John Calvin）說：「不認識自己，就不認識神。」正確的性格評估，可以幫助我們發現神創造我們的方式。自我防衛的一個明顯壞處，是我們限制了自己、也限制了別人，或者如我之前所說的，導致我們以個性為藉口而故步自封。我們當然不要那樣做，但無知也絕對不是福。

我很喜歡「發現優勢」（StrengthsFinder）這套性格評估工具，如同它的名字所顯示的，這套工具幫助你發現神給你的恩賜。我也對「九型人格」予以高度評價，因為這套評估工具有助我們找出自己最容易犯下的重大惡行。「每一種人格所對應的重大惡行，」伊恩．科隆（Ian Cron）說：「猶如一種癮頭，讓人不由自主地重蹈覆轍。只有當我們看清我們有多常把鑰匙交在它的手中，以駕馭我們的人格，我們才能擺脫它的控制。」

我們可以用健康而聖潔的方式展現我們的人格，但也有反其道而行的展現方式。兩者之間只有一線之隔。我們需要那些充滿恩典和真理的人在身邊，幫助我們航行於那道細微的界線上，而且當我們越界的時候，他們會要求我們為自己的行為負責。

考量來源

第五種語言是最普遍使用的語言，但也是最普遍遭到誤用和濫用的語言。因此，在我們進入到周哈里窗的第四個部分前，我要在此分享一些得來不易的忠告。神透過人說話，但這些人和我們一樣都不是完人。因此，這裡有一個很好的經驗法則：考量來源。來自愚人的侮辱可能反倒是一種褒揚，而來自愚人的褒揚反倒是一種侮辱。無論是哪種，你必須思考說話者的人品。

根據我的經驗，比起陌生人，神更多使用我們的朋友向我們說話。我不是說神不會使用你不認識的人向你說話。神當然會，而且祂也曾向我這樣做。但用愛心說誠實話是一種爭取而來的權利，那是從人際關係而來的副產品。關係越緊密，這些話語越有分量。

我知道有太多人被別人漫不經心的言語所傷害。我的意思並不是要我們對別人的話充耳不聞，我只是要表達：我們應當要更加慎思明辨。用使徒保羅的話來說，就是「要衡量他們所講的」[7]。你在購買其他人販售的東西之前，務必要先通過聖經的過濾。而且，不要只聽其言，還要根據他們的人品來判斷他們話語的分量。

我現在要來個角色易位。如果你與聖靈平靜而微小的聲音接上線，你會經歷到神賜給你話語，來向其他人的生命說話的時刻。使徒保羅把話語分成三類——智慧的言語、知識的言語和先知性的話語。[8]

有時候，神是**為了我們**而向我們說話。

有時候，神是**為了別人**而向我們說話。

你可以給人的最大禮物不僅是為對方禱告，還可以為他來聆聽神。如果你操練出了一雙先知之耳，神會給你先知性的話語。但進行這件事你要非常小心：用來考量要不要聽取別人話語的準則，也適用於要不要向別人說這些話。耶穌說：「不要把你們的珍珠丟在豬前。」[9]這是「考量來源」的必然結果。

簡而言之，要考量領受的人。如果對方還沒有準備好、不願意或無法聽你要說的話，那你不過是在浪費口舌罷了。如果你看出對方尚未準備好或缺乏意願，你可能要像耶穌所做的那樣——保持緘默。耶穌說：「我還有許多事要告訴你們，可是你們現在擔當不了。」[10]對的話要在對的時間說，否則有可能會造成不良的影響。

7 哥林多前書14章29節。
8 哥林多前書12章8–10節。
9 馬太福音7章6節。
10 約翰福音16章12節。

先知之耳

我的屬靈父親狄克・佛斯，講道超過五十年，但最近發生了一件他從未經歷過的事情。在講道的中途，他在靈裡感覺到有人瀕臨出軌的邊緣。要怎麼處理這個突然冒出來的念頭，佛斯沒有完全的把握。儘管他知道會有風險，但他覺得自己最好要說些什麼，於是他中斷講道，說：「在場有一個人，已經安排好要與外遇對象發生性關係。一切都準備好了，而你打算今天就做出決定。聽我說，千萬不要這樣做。」

聚會結束後，一個中年男子給了佛斯一個大大的擁抱，並在他耳邊低語說：「那個人就是我，謝謝你。」

佛斯是我見過最謙遜、最善良的人之一。對他來說，他剛才說的那段充滿智慧的話有點超乎尋常，他甚至說，那已經有點超出他的能力範圍了。但因為他順服了那個微小聲音，很可能改變了一個家庭的未來。在對的時間說對的話，可以激發出永恆的回音，而這始於你有一雙先知之耳。

我無法想像佛斯會如此介紹自己：「嗨，我是佛斯。我是一個先知。」我們大多數人會對這樣認知自己的人避而遠之。但讓我們不要畏避屬靈的恩賜。我們誤把先知當作預測未來的巫師，但這不是聖經對先知的定義。根據聖經，先知的主要職責是傳達神的信息，而不是預示未來。

根據定義，先知性的話語是為了要造就、安慰和勸勉人，它有時會與我們想做的事相衝突，但最終它會帶來救贖。而且，我們應當以溫柔的心來說先知性的話語。[11]

你可能不認為自己是先知，但你是被召喚要成為先知的。猶太哲學家不認為先知的恩賜只保留給被揀選的少數人，他們認為，成為先知，是心智和靈命發展都臻於成熟和完全的表徵。人們在靈性上越有增長，他們就變得越有先知性。摩西自己就說了：「但願耶和華的人民都是先知。」[12]

補充說明：如同天賦需要後天的磨練一樣，超自然恩賜也必須操練。你不會搖身一變就成為卓越非凡的人，這是我的經驗談。我的第一次講道不要說具有先知性了，根本是慘兮兮。我第一次「正式」講道是在密蘇里州麥克斯里克（Macks Creek）社區的一間鄉下教會裡，可憐的教會！我當時帶領一門關於末世論的課程，因此我設計了一張末世時間表，而這個時間表每上一次課就變動一次。我在天上欠那個教會一個道歉。

我是一個未完成品，你也是。但不要讓沒經驗阻止你操練你的恩賜。不要讓懷疑阻止你操練你的信心。不要讓恐懼阻止你向其他人的生命說話，因為一切有神帶領。我的唯一規勸是：我們要存謙卑的心去做。讓愛帶領，恩賜跟隨。[13]

---

11 哥林多前書14章3節；加拉太書6章1節。
12 民數記11章29節。
13 感謝Lori Frost的精采嘉言錄以及強而有力的原則。

狄克・佛斯獲得我的允許，可以向我的生命說話，但他在開口這樣做之前，他常常會做一個小小的免責聲明。例如，他會這樣說：「如果出於神的話是十分，出於佛斯的話是一分，那麼這個話就是四分了。」這個數值也可能是二，或五，甚至是九分。我很喜歡他的方法，因為它暗示了某種超自然事物，但也容許誤差的存在。

未知的自己

第四個部分是「未知我」，包含了「你自己不知道、別人也不知道的你」，我稱之為你的「魂印」（soulprint），這關乎最真實的你。那是神賜給你的熱情、天賦與宏大夢想。那是你有待開發的潛能，但只有與那位起初賜給你這項潛能的神建立關係，才能得到開發。

神比你更認識你自己。這不僅是因為是神在你母親的子宮裡塑造了你，祂還預先準備好了上面印有你的名字的各樣善事。[14] 如果你想要發掘真正的自己，那就尋求神吧。

教育家肯・羅賓森爵士與披頭四的重要團員保羅・麥卡尼爵士（Sir Paul McCartney）都是英國利物浦人。有一天，兩人在交流看法的時候，羅賓森爵士發現麥卡尼爵士在念高中時，音樂成績很不怎樣，他的老師沒有給他很高的分數，甚至沒注意到他有音樂天賦。這實在令人驚訝，對吧？但還有更妙的：披頭四的首席吉他手喬治・哈里遜（George Harrison）也遇到同一位高中老師，而他的遭遇也不比麥卡尼好到哪裡去！

「讓我搞清楚，」羅賓森向麥卡尼說道：「這位老師的班級裡有半個團的披頭四，而他竟然沒有注意到有哪裡不一樣？」

耶穌的本領之一，是能在不可能的地方和不可能的人身上看出潛能。其他人看到的是問題，耶穌看到的卻是其中的潛能。

還記得有個妓女擅自闖入他們的晚宴時，法利賽人說了什麼嗎？「這人若是先知，必定知道摸他的是誰，是怎樣的女人，因為她是個罪人！」[15]這句話只對了一半。先知當然能覺察到當下的實際情況。耶穌確實知道她曾是怎樣的一個人，但祂也看出了她可以成為什麼樣的人，並且照著那個未來的她來對待她。

「如果你以一個人現在的樣子對待他，他會繼續維持現在的樣子。」大文豪歌德說道：「但如果你是以他應當可以成為的那個人來對待他，他就會成為那樣的人。」

在現今，「先知」一詞似乎變得有負面和欺騙的意味。我的意思當然不是要為這個詞裹上虛假的糖衣，但我要再次重申，先知性的話語是用來造就、安慰和勸勉人的。[16]先知性的話語具有啟迪人心的功效，而非用來侮辱人。先知性的話語帶給人盼望，而非絕望。先知性的話語就是大膽地相信，那最好的事物還沒有到來。

14 以弗所書2章10節。
15 路加福音7章39節。
16 哥林多前書14章3節。

就是那句話

皮特在維吉尼亞大學帶領Chi Alpha團契，這是一個興旺的基督教校園團契事工，影響著數以百計學生的生命。十七年前，皮特在華府的Chi Alpha團契實習，並且參加全國社區教會的聚會。有一天，我在他們的講道實驗室裡，坐著聆聽皮特講道。這間地下室的布置不是很理想，聽道的人也只有七個人而已，但神給了我一個關於皮特的先知性預言。我後來把皮特拉到一旁，說：「有一天，上帝會讓你向數以千計的人講道。」

皮特當時有些不敢置信。我們在說出這類話之前，一定要格外謹慎小心，因為我們最不想做的事情，就是讓人最終陷入失望中。實際上，那是我們最不想做的事情中的第二名，第一名是不順從聖靈的督促。

「你在十七年前向我所發的預言，如今成真了。」皮特最近如此寫道。這些年來，皮特一週又一週不間斷地向數以百計的學生傳講聖經的信息，在不久前，他才剛受邀在德州舉行的一場特會中，向上千名與會者證道。正是這個邀請促使他寫了這封電子郵件。「我寫這封信不是為了要得到稱讚，」皮特說：「我寫這封信，是為了要讓那個先知性話語的迴路圓滿閉合，將近二十年來，它始終激勵著我的生命。」

我要先承認，我錯失的機會可能比我抓住的機會還要多，但我始終驚嘆於先知性話語的力量。我到現在仍然在領受先知性的話語。在我人生中極為脆弱的年紀和生命階段裡，有一位宣教士為我禱告。我相信他已經不記得這件事了，但當他禱告說「神將會大大地使用你」時，這句禱詞轉變成了先知性的話語。我知道那聽起來再普通不過，但就是那句話，帶領我度過了人生某些困頓時刻。

對於那些看出連我自己都不知道的潛能的人，我永遠心懷感激。沒有人在這方面比耶穌做得更好，而我們受召要效法耶穌。同樣地，讓我們心存謙卑去行，而我們在這麼做的同時，也要操練自己的情商。神想要透過你向人說話，這是無庸置疑的。而這一切，往往就是從「留意你身旁的人是誰」開始。

對人的異象

爾溫．麥克馬納斯（Erwin McManus）牧師有一次在TED演講中，分享了他第一次在田納西參加TED大會時的奇遇，我很喜歡這個故事。

爾溫是一個非常內向的人，他的女兒為此還特別傳授了一些社交技巧給他：不要躲在角落裡，設法不讓自己看起來太過驚慌！爾溫接受了女兒的建議，而且努力找出誰是會場中最和善的人，與其共享午餐。他最後與一位名叫珍的女士有段漫長而有趣的聊天時光，但這次談話有個古怪之處。爾溫說：「你們遇見過那種對某事充滿狂熱，以至於不論你在說什麼，他們都會轉到他們想要說的話題上的人嗎？」

不論他們談論什麼主題——從人類關係到中國的地緣政治體制——珍總是把話題扯上黑猩猩。過了一小時後，爾溫突然靈光一閃。他說：「珍，我可以問妳一個問題嗎？妳的姓氏是古德嗎？」結果八九不離十，與爾溫共享午餐的，正是全世界最頂尖的靈長類動物學家珍古德（Jane Goodall）。可是，他在頭一個小時完全不知道她是誰！

容我表達我的一個直率觀點：愛你的鄰居，從察覺到他們的存在開始！沒有一個人是偶然地出現在你的生命中；他們會出現在你的生命中，是出於神聖的會面。你的責任不只是注意到他們的存在而已，還要關心他們。而這適用於內向者、外向者，以及介於兩者之間的每一個中向性格者。你可以為他們所做的最富愛心的行動，就是告訴神有關他們的一些事情，然後聆聽神怎麼說。

如果神給了你要鼓勵某人的話語，把它說出來。你不必說：「耶和華如此說……」這可能會嚇到他們。你或許可以仿效狄克．佛斯的做法，給他們一到十的分數。無論如何，你的職責是愛這些神放在你生命中的人，而這意謂「用愛說誠實話」[17]。當你這樣做的時候，一句話可以讓一切都改變。

一聽到「異象」（vision）或「願景」這個詞，我們很容易就想到某個宏偉的目標，像是送人到月球。當然，這是其中一種異象。但最重要的一種異象，是對人的異象。而耶穌再次設立了標竿。

我們對抹大拉的馬利亞（瑪利亞．瑪達肋納）所知不多，但我們知道她被七個邪靈附身，直到耶穌把牠們趕出去。[18]馬利亞有七個她無法解決的問題。馬利亞經歷了七種破碎。我們往往不會對這種人抱有期待，但神不會。祂不會棄絕我們，絕不放棄！那不是祂的天性。

很多人輕視馬利亞這種人，但耶穌看重他們。事實是，馬利亞成了整本聖經中一個最重要事件的主人翁——第一個目睹耶穌基督復活的人，正是馬利亞，她還贏得了「使徒中的使徒」（the Apostle to the Apostles）的稱號，流傳萬代。把這個稱號印在你的名片上！神不就是如此嗎？

我們輕看人。

耶穌看重人。

馬戲團導演

幾年前，我的朋友卡洛斯・惠特克（Carlos Whittaker）寫了一本內容很精彩的書《造時者》（*Moment Maker*）。我比他早幾年寫了《勇敢告訴神，讓祂成就你的夢想》，所以他的書一出版，我就跟他來個擊掌，說出動畫《超級好友》（*Super Friends*）裡的慣用問候

---

17 以弗所書4章15節。

18 路加福音8章2節。

語：「神奇雙胞胎力量，啟動。變成畫圈人！」他懂我的暗示，接了我的話說：「變成造時者！」你不知道我有這樣的一面吧，正好讓你看看我的「隱藏我」。

在書的一開始，卡洛斯講述了一個故事，那是他人生的一個轉捩點。故事發生於喬治亞州迪卡特的一間教會，在地下室上課的幼幼班的課堂上。「我是一個非常害羞的小孩，」卡洛斯說：「一個巴拿馬加墨西哥裔和非洲裔的混血兒，頭髮旁分，就像美國黑人男星蓋瑞・柯爾曼（Gary Coleman）在一個白人國度裡意氣風發時的髮型，一雙深藍色的眼睛，還有一口濃重的南方口音。」對美國來說，卡洛斯是一個外來者，他自己知道。

有一天，這個關鍵時刻發生了，那天是第十三屆雷霍伯長老教會「幼幼班馬戲團」分派角色的日子。前一年，卡洛斯扮演獅子，他的獅吼聲聽起來就像是貓在叫，觀眾席上爆出笑聲。卡洛斯因為羞愧而感到驚慌失措，現在，他要再次回到事發現場。

他的老師史蒂芬女士開始分派角色。瑪麗——跳舞的熊。布蘭登——小丑。杰——肌肉男。最後輪到卡洛斯了，當史帝芬女士來到卡洛斯面前時，他永遠記得那一天，她拿下眼鏡笑著跟他說：「卡洛斯……你要擔任今年的馬戲團導演。」

「那一刻——所有的事物都凍結在那一句話上——真的改變了一切。它改變了我的未來人生發展軌跡，」彷彿那是昨天才發生的事，卡洛斯說道：「她認為我可以成為馬戲團導演。」

在八年級的時候，卡洛斯可以只安於總務股長的位子，但他出來競選班長。為什麼？

因為他是馬戲團導演。卡洛斯曾在擠進上萬人的體育館裡帶領敬拜。他曾在我受邀擔任講員的許多特會裡擔任主持人。那個在舞台上驚慌失措的卡洛斯，如今成了大型活動的主持人！但這一切都要回溯至一件事上，一位幼幼班的老師看見了他的潛能。她不僅是在幼幼班馬戲團的表演中指派了一個角色給他，她還賦予了卡洛斯一個全新的形象。

我接下來要說的話，聽起來可能很不像是在解經，但我認為那正是保羅對提摩太所做的事。提摩太和卡洛斯兩人都不知道他們的歸屬在哪裡。[19]我懷疑，如果保羅沒有說出那番勸勉他的話，提摩太會不會就這樣躲進他的殼裡，把自己封閉起來，永遠不出來。提摩太最後成為了以弗所教會的「馬戲團導演」，但一切開始於一句先知性的話語。

六條文法規則

每一種語言都有自己的規則，例如英文拼字有一條規則是「i要排在e前面，除非之前有c」[20]。第五種語言也有它的文法規則，因為這個語言至少牽涉到兩種特質，它要比其他語言複雜兩倍，也更容易遭到曲解。

19 提摩太是猶太人和希臘人的混血兒。
20 編注：舉例來說，believe、friend等單字，都是i在e前面，但如果前面出現了c，像recive、deceive，就會變成i在e後面。

以下是第五種語言的一些基本文法規則：

第一，沒有人是不可受指責的。在你以為自己已經對試探免疫的那一刻，其實就已經落入試探中了。在本章的最後，我給你的任務很簡單（其實一點也不簡單），就是允許某人向你的生命說話，你必須確定對方是你信任的人。萬一他們說了你不想聽的話，你反而要聽得非常仔細。

第二，不要讓批評的箭刺穿你的心，除非它已經先通過聖經的過濾。[21]這也適用於別人恭維你的話。如果你靠別人的讚美維生，那你很可能會被批評的亂箭穿心而死。我要再次重申，我們要藉助「聖經的語言」來詮釋與分辨「人的語言」。別人對你所說的話，若是不合理的事情，就把它拋諸腦後；合理的話，就悔改。

第三，不要在人際的真空狀態中做決定。在處理事務上，我屬於內向型，因此我一般習慣自己在心中處理事情。不過就像我說的，聖經忠告我們要尋求智慧之人的意見。我要再次重申，沒有人可以靠一己之力上月球。告訴我你的身邊都是些什麼人，我會告訴你你的未來。

第四，先仔細聆聽，再給忠告。我們沒有好好聽別人說話，主要是因為他們在說話的時候，我們一邊在構思自己要怎麼回應。我們是為了說而聽，而不是為了聽而聽。透過練習一種被稱為「重述」（restatement）的諮商技巧，我們可以確定自己真的聽進了別人在說什麼。換言之，就是把我們聽到的內容重新複述，以確定我們聽對了。

第五，永遠要先鼓勵再指正。這點充分展現在〈啟示錄〉當中。在〈啟示錄〉裡，神在對七個教會施行嚴厲的審判前，總是先說鼓勵、讚美或安慰的話語。只要是出於真心，沒有任何事情比讚美更能消除人的敵意。根據「羅沙達比例」（Losada Ratio），我們需要二．九個正向回饋來抵銷一個負向回饋。所以寧願犯錯，也不要吝於讚美或鼓勵。

第六，拖得越久，難以啟齒的談話會變得越難開口。我盡可能避免衝突，但我也了解，當我這樣做的時候，我其實幫不了任何人。衝突一點都不令人愉快，卻能讓我們成長。沒有熊熊烈焰，鐵磨鐵不會磨出刃來！有時候，你必須展開看似傷人、實則有益的談話，但要確定你的動機純正。如果你只是想要一吐為快，就免了吧，這樣做反而會產生反效果。真誠的關係是充滿恩典和真理的。

沒有恩典，這種關係少了感性。沒有真理，這種關係少了理性。但是當彼此的關係充滿了恩典與真理，這才是真心實意的關係。而且只有在這個時候，我們才會聽見神透過其他人向我們說話的聲音。

21 麥克馬納斯牧師是第一個向我介紹這個想法的人。

第10章

第六種語言
聖靈的督促——抓住對的時機

為現今這樣的時機。[1]
——以斯帖記4章14節

老羅斯福時任美國總統。亨利・福特（Henry Ford）製造了第一台T型車。電影還是默片。女人不能投票。一條吐司麵包賣五美分，而切片吐司要二十多年後才上市！還有，芝加哥小熊隊贏得美國職棒世界大賽的冠軍！

那年是一九〇八年。

之後，美國將會加入兩次世界大戰、送太空人登月，在二〇一六年芝加哥小熊隊再次贏得世界大賽冠軍之前，發明了網際網路。我在寫這本書的那一年，和一九〇八年隔了一百零八年，一顆棒球也剛好有一百零八條縫線。這是巧合嗎？你說呢！

第七場決賽進入到延長賽十局上，之前才因為下起傾盆大雨而延後，班・佐布里斯特（Ben Zobrist）在兩好球後，把布萊恩・蕭（Bryan Shaw）的投球沿著三壘邊線打過去，擊出了一個二壘安打，為小熊隊拿下了超前分。許多芝加哥球迷這時候再也按耐不住心中的激動，一起跳了起來，震度達到了芮氏規模（我是開玩笑的啦）！不過，這場賽事的確在幾天後引發了史上規模第十大的群眾和平集會，根據報導，有五百萬人當天穿著芝加哥小熊隊球迷的服裝湧現街頭。

我要打斷這個小熊隊打破魔咒的童話故事，先提出一個問題。這場世界大賽的MVP球員佐布里斯特是如何敲出那支安打的？一個棒球打者是如何把一顆直徑大約只有七．三公分的棒球，在〇．四三秒的時間內，把球擊出到十八公尺遠的地方的？人類視網膜接收信息的時間是五分之一秒，此時，揮出的球已經在傳回本壘板的半途。打者是揮出安打還是揮棒落空之間的誤差，只有十毫秒！這樣的速度要比眨眼快了十五倍。

讓我們回到問題上。你要如何揮擊一個時速一百英里的近身速球，或是一個方向變化幅度達四四．四五公分的漂亮曲球？這個雙重答案就是「良好的選球眼光加上良好的揮棒時機」。徒有選球眼光卻沒有抓對時機，就會平白放過好球不打。抓準了時機卻沒有精準的選球眼光，就會揮棒落空。只有獨一無二的選球眼光和時機組合，才能揮棒成功。

在探討「夢」這個語言時，我們已經闡述過異象的重要性。現在，該是探討神的時機的時候了。還記得這個古老的格言「時機就是一切」嗎？這句格言適用於棒球，也適用於人生，尤其適用於學習「聖靈督促」的語言。神是有策略地在對的時間把我們放在對的地方，但我們不一定能看出其中奧妙。神永遠很準時，有時甚至準時到「及時」了。

1 譯注：為貼近原文，此處引自《恢復本聖經》。

所羅門王說：「萬事都有定期。」接著，他列出了二十八個例子。[2] 簡言之，你要知道自己現在處於哪個季節。否則，該是栽種的季節，你卻想方設法收割；該讓土地休耕的時候，你卻忙著栽種，到頭來只會讓你嘗到挫敗的苦澀。因為這種錯誤所冒的風險不能再大了。糟糕的時機招致災難，一如合宜的時機帶來好運。

要分辨神的聲音，我們需要一個內在時鐘來感知祂的督促。我們對於神的督促的反應時間，會導致超自然的同步性（或共時性）——也就是在對的地點、對的時間，和對的人在一起。這正是先知以賽亞所應許的：「每當你偏左或偏右的時候，你必聽見後面有聲音說：『這是正路，要行在其中！』」[3]

時間與時機

在《新約聖經》裡，有兩個形容時間的用語。第一個字是「時間」（chronos），它的意思是時鐘或月曆上所呈現的時間。這是英文字 chronology（依照事件發生的年代順序排列）的由來。「時間」是照著順序流動的——過去、現在、未來。「時間」是線性的，只朝一個特定方向前進。

根據希臘神話，「時間」是一個矮小的神祇，他有結實精壯的雙腿和有翅膀的腳跟。他的移動迅速，一旦他從你身旁經過，你就再也追不上他了。為了象徵時間的稍縱即逝，

「時間」正面有一頭長髮，但後面卻是光禿禿一片。換句話說，一旦當下的時間過去了，你就再也抓不住它了。

最後、也是最重要的一點，那就是「時間」是一種人類建構的概念。那是人類用以測量時間的方式，但神存在於祂所創造的時空維度之外。所以，我們要非常小心，不要把我們的鐘錶套用在神身上，而用我們的盒子來設限神。

第二個字是「時機」（kairos），意指「恰當的時間」。「時間」是定量的，它按分計時。「時機」則是定性的，它抓住的是時刻。「時機」是指關鍵的時刻或是指定的時間——「為現今的機會」[4]。「時機」意謂「活在當下」（*carpe diem*）。

「時機」也是一種射箭術語，意謂射出力道強勁的箭矢射穿箭靶。更精確的解釋：「時機」是一種弓箭手悖論（Archer's paradox）。邏輯上，箭矢是瞄準箭靶射出。但如果是長距離，資深的弓箭手都知道途中會遇見各式各樣的變數，影響箭矢的飛行途徑。因此，弓箭手一定是偏離標靶射箭，才能正中紅心。而這種評估途中變數的能力，就是「時機」。

在「時間」的範疇裡，時間管理很重要。〈詩篇〉作者要我們「數算自己的日子」[5]。我

---

2 傳道書（訓道篇）3章1-8節。
3 以賽亞書30章21節。
4 以斯帖記4章14節。
5 詩篇90篇12節。

認同隆巴迪（Lombardi）教練的時間管理理論——如果你不能提早十五分鐘，就是遲到！使徒保羅的時間管理又更進一步，他告訴我們「要贖回光陰」[6]，這是「時機」而非「時間」的用語，這句話的字面意義是：「充分利用每一個機會。」

你錯過的機會，就是機會成本的損失，那甚至是一種疏忽的罪。反之，充分善用機會，它可以轉變為你的人生關鍵時刻。

我最近受邀在一場國會所舉辦的特會上發表演講，當時適逢美國政治局勢緊張，我必須穿過千名抗議者和警察形成的人牆才能抵達酒店會場。我的經驗法則是，只要我有機會傳福音，我就會把福音傳給通道兩邊的警民。這就是保羅所立下的服事標竿：「在什麼樣的人當中，我就作什麼樣的人。」[7]

我的講道被安排在當天的第一段活動中，與會者可以自由參加，因此當我看到有數十位參眾兩院的議員出席時，讓我印象深刻。說實話，我當時有點緊張，一時不知該說什麼好。但一如既往，重點不在於我說了什麼。聖靈提醒我，要拋開禮儀的束縛。我強烈感受到聖靈督促我，要求在場的每一個人跪下禱告。

老實說，我不確定這些政治領袖們會怎麼回應我的這個請求，但我決定冒險一試，因為聖靈督促我要冒這個險。結果，事情的發展出乎我的意料，此時此地變成了神聖的時刻和聖地。議員們的靈性和情感回應，全都發自肺腑。透過屈膝禱告，國內的政治問題或是政治局勢的緊張都解決或化解了嗎？沒有，但這是一個不壞的開始。

「時間」可以用分鐘來衡量，但生命是以「時機」來衡量。分辨這些不同的時刻，是聆聽神的聲音的一部分。聆聽神，是分辨出有哪些神聖時刻你需要屈膝在神的面前；是當你要做出艱難的決定時，分辨出有哪些關鍵時刻你需要屈膝在神的面前。對為人父母者而言，那是分辨出何時是恰當的教導時刻，讓那個時刻轉變成你的孩子的轉捩點。

我討厭承認這個事實，但我錯失的時機確實多過我所抓住的。有時候，我任由恐懼支配我的決定。我因為擔心會感到尷尬或是看起來很蠢，以至於無法踏出信心的腳步。有時候，我的心思過度專注在自己的問題上，以至於無法分辨神的督促。但是聆聽神的低聲密語並且順服而行，可以把平淡無奇的一天轉變為一生難忘的冒險！

在一角硬幣上旋轉

人生就像在一枚一角硬幣上轉動，這個小小的一角硬幣，就是改變我們人生發展方向的那些決定。有些決定是經過深思熟慮，其他決定卻是出於一時興起。不論是哪一種，如果沒有神引導我們的腳步，那會有多可怕，不是嗎？

我在中央聖經學院升上大三的一開始，學校舉辦了一場特別的聚會，邀請了當地牧者

6 以弗所書5章16節。
7 以弗所書5章16節（譯注：為貼近原文，此處取自恢復本聖經）。

前來參加。時間正好是新年伊始，學校希望我們能夠陸續接觸一間本地的教會。那天有五十位牧師擠在唱詩席上，我認得其中一些面孔，因為他們曾來學校的小教堂講道，或是牧養城內幾家大型教會。

我知道大多數的學生在那個學期，無論如何都會找到一個教會服事。我也在思考同樣的事情。我不只加入了學校籃球校隊，還修滿所有課程，所以我很想到一間有著傑出講道牧者的教會，這樣我就能無事一身輕，只要輕鬆地靠著椅背坐著就行了。

但是，就在這時候，我感受到一股陌生的聖靈督促。我以前從未感受到類似的帶領，但我就是知道該找誰談。我無法解釋這是怎麼發生、為什麼會這樣，我就是知道。我來到教堂後面直接找了羅伯特．史麥利（Robert Smiley）牧師談，我想我是唯一去找他的學生。我不認識他，但他知道我是誰，因為他在關注我們的籃球校隊。

接下來，我會花兩個學年的時間參加西宏神召會（West Grand Assembly of God）的聚會，不僅如此，我也參與在各種服事中（這間教會如今已不復存在，它只存在於當時）。天氣好的時候，參加主日崇拜的人數有十二個人。那幾乎已經把整個教會都坐滿了，因為全教會只有七排長凳！但我永遠感謝史麥利牧師，是他給了我第一次講道的機會。他偶爾也會讓我帶領敬拜，有次還讓我做了「特別的」敬拜音樂！

我確信，如果不是史麥利牧師，我不會在二十多歲的時候就植堂。他是如同雲彩圍繞著我的見證人中的一位。而這完全始於一個聖靈的督促。

對時間的敏感度

真理不是相對的，不會因人而異，但時間是。家中有學步期幼兒的父母，一定對此有深刻體會。對一個兩歲大的幼兒來說，下個星期可能相當於明年，而明年可能相當於永遠不會來臨，因為一年代表了他們百分之五十的人生。如果你五十歲，一年就是你的百分之二人生。孩童對一天的感受，可以是他們父母的二十五倍長！對於神的兒女來說，這個數字甚至要更大。

在主看來，千年如一日！[8]

在我們看來，一日如千年！

我們這些出生於阿姆斯壯跨出「人類一小步」之後的世代，過著和我們的父母截然不同的時間表。我們用微波爐加熱食物，我們用谷歌搜尋問題，我們讀的是即時新聞，我們用臉書聯繫或結交朋友。

所有事情都以光速在發生。但在神的國度裡，事情是以「栽種在土裡的種子」的速度在發生，換言之，要結出果實，必須先扎根。我喜歡千禧世代，他們是我所牧養的主要世代。我欣賞他們追求公義的熱情、渴望發揮影響力，以及務實的理想主義。我也察覺到他

8 彼得後書3章8節。

們缺乏耐性而為此感到憂心，我自己也犯了這種毛病。我們想要擁有我們父母所擁有的東西，但只想付出一半的時間和努力。但我幾乎可以保證，我們達成願望和夢想的時間，會比我們最初所預期的更長。

我要說的重點是：我們太輕易、太快就放棄了。我們經常跑在神的前面，而不是跟隨聖靈的腳步，要不然，就是因為挫敗而落在神的後面。分辨神的時機並非易事，要信靠祂的時機更加困難。當我們覺得神似乎遲到了一天或少給了一塊錢的時候，更是如此。不過，如果你在質疑神的時機，那麼你的「手錶」或許該調一調了。聽懂神的低聲密語，就能跟上神的時間。

因大衛的緣故

在《舊約聖經》裡，有個六字經句重複出現在不同的經文裡——因大衛的緣故。[9]這句話見證了上帝的信實，即使我們不忠信，祂依舊信實。

西元前八五三年，約蘭這位國王篡奪了王位。他是南國猶大的第五任國王，他做了神認為邪惡的事情：為了確保自己的王位，他殺死了自己的手足。你會期待神在下一節經文中就對他施行審判，不是嗎？但沒這麼快。

但耶和華「因祂僕人大衛的緣故」不願毀滅猶大。[10]

這發生在大衛死後的一百一十七年！大衛早已遠去，但上帝從未忘記祂當初對大衛的承諾。上帝有超凡的記憶力！祂不忘記祂的百姓，祂也不忘記祂的應許。祂唯一忘記的事，就是祂已經寬恕的我們的罪過。

我可以說，神在你的生命中所做的某些事情，是為了某人的緣故嗎？

我知道，祂已經為我這樣做了。我有一位熱愛禱告的外公——艾爾默．強生。每到晚上，他會摘下助聽器，跪在床邊禱告。他聽不到自己的禱告聲，但其他家人每個都聽得到。他的禱告成了我的最早記憶的一部分。

我的外公在我六歲的時候過世，但他的禱告並未隨之消逝。在我的人生中，我經歷了一些極為特別的蒙恩時刻，我知道我不配得那樣的賜福，但聖靈的低聲密語響起：**馬克，你的外公的禱告在你人生的此時此刻，蒙應允了**。這會讓你起雞皮疙瘩！上帝「為了艾爾默的緣故」成就了發生在我身上的事情。

我們是那些我們毫不知情的祈禱的受惠者。早在我們出現在事情之前，神就在動工了，而祂也正在使用我們來建造下一代。

9 列王記上11章12節；11章32節；15章4節。
10 列王記下8章19節，引號是我加上去的。

我們思考的往往是此時和此地。

神思考的卻是萬國和萬代。

我們不知道我們的生命會如何改變後續歷史長河的發展軌跡，但我們的每一個決定都會產生神聖的骨牌效應。不要低估了「順服神的督促」可能會帶來的影響力！它們是神的低聲密語，將會發出永恆的回聲！

未蒙應允的禱告

在建堂初期，我們的教會辦公室就是家中一個閒置的臥室。隨著我們的女兒蘇瑪出生，這間臥室一兼二顧，白天是教會辦公室，晚上就回復成臥室。這樣做很快就行不通了，所以我們開始另覓辦公空間。

我後來在國會山找到了兩間堪稱完美的排屋，並且告訴了神。但這兩扇門後來都以非常戲劇化的方式給關上了。在這兩個例子裡，都有其他買家搶先我們一步與屋主簽約。看起來，上帝不僅沒有應允我們的禱告，而且感覺就像是在扯我們後腿。事情的發展令我既困惑又沮喪，以致我差點就要放棄繼續尋找辦公室的念頭。

幾個星期後，有一天當我行經F街二〇五號時，內心出現了異樣的聖靈的感動。那種感覺就像是聖靈喚醒了我的記憶，然後我的腦海中浮現了一個名字。我曾在一年前與這間排屋的屋主見過面，但我不確定那個從我潛意識中浮現的名字是否就是他。當時還沒有谷歌，所以我特地去查了登錄私人電話、被稱為「白頁」的電話簿。上面出現了八個相同的人名。那棟屋子的前門甚至連「售屋」的標示牌都沒有。既然如此，我為什麼還要打電話給他呢？還有，我要跟他說什麼呢？但我順從了聖靈的感動，撥了電話，我連那個電話號碼到底是不是他的都不確定。

當電話那頭接通時，我很快跟對方介紹我是誰。但還沒等我說完，他就說：「我剛剛還想到你，我正打算出售F街二〇五號的房子，我想在公開出售前，先了解你是否有意願買下它。」

那就是**時機**！

那棟排屋成了我們的第一間辦公室，但比其功能更重要的是它的位置。二〇五號緊鄰F街二〇一號，這是一間老舊的前毒品交易站，這裡將會成為以便以謝咖啡屋！如果神應允了我們起初所禱告的那兩間「完美」的排屋，我們就不會進駐這個地方，而進一步買下、打造我們的咖啡館。所以，讓我們為沒有應允的禱告來讚美神吧！

我們的天父實在有智慧，祂不會處處遷就我們，把我們想要的東西在我們想要的時間給我們。祂太愛我們，因此祂不會那樣做！不要滿足於權宜之計，不要滿足於次好的選擇。一定要堅持得到神所能賜與的最好事物。然後，抓緊不放。

超自然失眠事件

在聖經中，關於神的時機和督促的最佳範例之一，或許是一個超自然失眠事件。在〈以斯帖記〉裡，猶太人瀕臨種族滅絕，因為一個名叫哈曼的惡人祕密地策畫了一個詭計。他的死對頭是末底改，也就是皇后以斯帖的養父。哈曼對末底改深惡痛絕，因此豎立了一個七十五英尺高的絞刑架要吊死他！但就在他執行計謀的前夕，上帝顯明了祂的作為，並且向哈曼誇耀。

> 那一夜，王睡不著覺，就吩咐人把史記，就是年鑒拿來，在王面前誦讀。有一處記著說：王有兩個守門的太監：辟探和提列，企圖要謀害亞哈隨魯王；這事給末底改告發了。[11]

欲知後事，可以讀〈以斯帖記〉，上帝一舉翻轉了整個故事的發展。末底改騎著國王所賜的駿馬，穿著朝服遊行於書珊城的街道，民眾紛紛拋彩帶夾道歡迎，而哈曼最後被吊死在他建造的絞刑架上！

以下是我的幾點重要觀察。

首先，神不一定會當場回報好的行為。你曾經做了某事卻未獲得關注嗎？在當下，那一定令人感到沮喪，但我已經學會了要信靠神的時間表。神不一定會當場回報我們。但我向你保證：神會在某個時候以某種方式來回報你的忠心。末底改之前阻止了一場暗殺計謀，救了亞哈隨魯王的性命，但他一定以為自己的善行已經被遺忘。但上帝保證祂沒有忘記，而且在恰好的時間，不晚不早地回報了末底改。

第二點，失眠有時候是神要對我們說話的徵兆。當我在奇怪的時刻、為了奇怪的理由而醒來時，我會把它當作聖靈在督促我禱告。當然，有時候我是因為前一晚飲食不當而導致失眠，但不是每次都如此！那麼何不趁這個時候禱告，直到可以再次入睡為止呢？這個方法絕對比數羊有效。

第三點，神在一天內完成的事，可以比你一輩子能完成的事還多。我們來思考這個故事一個有趣的面向。在末底改要上絞刑台的前夕，亞哈隨魯王失眠的機率有多少？簡化一點來說，我們就取三百六十五分之一好了。身為一國之君，亞哈隨魯王可能坐擁全波斯最大的圖書館。我們無法確知實際的館藏內容，但如果把它拿來與亞述國王皇家圖書館相提並論，我一點都不會感到驚訝。大英博物館清點出亞述國王皇家圖書館收藏了三萬零九百四十三捲捲軸和泥版。如果我們以此為據，那麼亞哈隨魯王隨機挑選一部記錄王朝事件的編年史來讀的機率，是三萬零九百四十三分之一。

11 以斯帖記6章1–2節。

最後，對於這本記載著亞哈隨魯王政權的編年史的實際尺寸到底有多大，我們也一無所知，但我確信這部編年史的規模更接近一本百科全書，而不是一本漫畫。按照慣例，美國國會在召開期間，會在每天結束之際把當天會議過程刊載在《國會記錄》（*Congressional Record*）裡。裡面的內容包含了開議祈禱文和效忠誓詞，還有請願書、提名、條文修訂和聯合決議等。美國第一百一十五屆國會會期第一天的會議記錄，總計達一〇一頁，裡面包含了眾議院議長的選舉，因此總頁數比平均值多了一點。我確信，波斯人不像我們這樣多產，但亞哈隨魯王的政權維持了二十一年。

我的重點是什麼？那本史冊是一本大部頭書！我們保守估算，亞哈隨魯王剛好翻到那本史冊中記載末底改救王的段落的機率，是千分之一。

把所有個別機率相乘，亞哈隨魯王翻到記載末底改善行那一頁的機率是一百一十二億九千四百一十九萬五千分之一。這時候，你就知道上帝是這個數學等式的一部分！

要分辨「巧合」與「神意」的不同，不能簡化為一個數學公式，但是神喜歡把不可能化為可能。祂也喜歡使用最不夠格的候選人來完成祂的計畫和目的。

一個瘋狂的督促

一九五八年二月二十四日，當期的《生活雜誌》（*Life Magazine*）的專題報導標題為

〈一個青少年幫派犯下的集體謀殺審判〉。這篇報導描述了七個幫派成員被控謀殺一個十五歲的小兒痲痺症少年麥可・法默（Michael Farmer）。

就像四十年後的辛普森殺妻案，這場判決吸引了全國的關注。但是，這宗謀殺案徹底翻轉了一個賓州牧師大衛・韋克遜（David Wilkerson）的生命。其中一個男孩的臉——七個人中最卑劣的一個——烙印在他的腦海中，揮之不去。其他人雖然也讀了這篇報導，但只有韋克遜莫名地哭了。

韋克遜之後會成立一個名為「青少年挑戰」（Teen Challenge）的全球性事工，以及寫作一本《紐約時報》暢銷書《虎穴亡魂》（*The Cross and The Switchblade*），並且創立時報廣場教會（Times Square Church）。而這一切都是源自於一個督促——一篇雜誌報導。如同保羅在異象中看到了一個馬其頓人呼求他的幫助，韋克遜也無法忽視他所聽到神的低聲密語。一九五八年二月某個星期日深夜，他坐在書房中的時候，韋克遜認出了神的聲音：「去紐約，幫助這些青少年。」

從賓州鄉間搬到紐約，牧養當地的不良幫派成員，是一個瘋狂的神的督促，但比起聖經裡所記載的一些神的督促事件，一點都不瘋狂。是一個瘋狂的督促，促使一個在巴比倫服侍國王的酒政重建耶路撒冷的城牆。是一個瘋狂的督促，促使亞拿尼亞（阿納尼雅）為一個名叫掃羅的恐怖份子禱告。是一個瘋狂的督促，促使腓利（斐理伯）在茫茫荒野中去見一個衣索匹亞太監。是一個瘋狂而離譜的督促，促成了一個名叫彼得的猶太使徒和一個名叫哥尼流的義大利士兵之間的神聖會面。[12]

在讀到《生活雜誌》的那篇報導之前，韋克遜曾到阿根廷宣教。這趟宣教之旅讓韋克遜感到「心神不寧」。那是一種很難定義的感覺，卻是一種第六感，神正在讓你為其他事情、其他地方做好準備。「有時候，你必須繞過大半個地球，」大衛的兒子蓋瑞・韋克遜（Gary Wilkerson）說：「才意識到神並沒有呼召你來這裡。」那趟宣教之旅不僅讓韋克遜感到心神不寧，也在預備他向任何地方、任何事物敞開。在我的經驗裡，那正是宣教之旅的作用。

當你走出自己的舒適圈，你會更清楚地聽見神的聲音。那經常是一扇門通往另一扇門。或者，我應該這樣說，一個督促通往另一個督促。

有效接觸頻率

我現在要把鏡頭拉遠，提出一個重要的觀點。學會分辨神的督促需要操練。切記，那就像是在學習一種新的語言。你一開始不會每次都能留意到其間細微的差異。但只要持續一段時間，你會更善於聆聽這些微妙的微小聲音。好消息是，神有耐心。三振出局不是神國的行事法則，像是有「七十個七次」[13]的第二次機會才是。

有個著名的廣告現象叫做「有效接觸頻率」(effective frequency)，是指你要聽過這個廣告信息多少次，才會回應或購買這項商品。「七次」曾是長期被業界公認的數字，但這個魔術數字似乎在不斷攀升中，或許是因為現在有太多聲音在爭奪我們的注意力。

「做就對了。」

「咚、咚、嘶、嘶，疼痛不見了。」

「冠軍的早餐。」

我想，我不必告訴你以上這些是哪些廠商的廣告詞，你當然知道，它們分別是：耐吉（Nike）、我可舒適發泡錠（Alka-Seltzer）和威蒂麥片（Wheaties）。你知道這些廣告已經分別播放了二十六年、四十三年和八十七年了嗎？

它們是傑出的廣告「有效接觸頻率」案例，對我而言，神也用非常類似的方式廣告祂的計畫和目的。神非常有耐性地一次又一次地再三督促我們！而且，祂經常使用各種不同的語言來督促我們。

你是否注意到在聖經裡，神透過不同的方式吸引我們的注意？神做了幾次呢？這屬於有效接觸頻率的研究範疇。對撒母耳來說，這個有效接觸頻率是四次深夜的低聲密語。對彼得而言，這個有效接觸頻率是在某個清晨的兩次雞啼。對掃羅而言，這個有效接觸頻率

12 尼希米記1章11節至2章5節（酒政的故事）；使徒行傳9章10–19節、8章26–40節、10章1–44節節（分別是亞拿尼亞、腓利、彼得的故事）。

13 馬太福音18章22節。

是在一次日正當中，他所見所聞的異象和聲音。[14]

如果你和我一樣，那麼神需要多做幾次才能完全吸引你的注意力，而這就是為什麼神用立體聲向我們說話。換言之，祂使用一種以上的語言向我們微聲說話。這就是神的方法，祂要再三確認我們確實明白了祂所說的話。這尤其適用於我們當中那些理解力較遲鈍的人，神的恩典夠我們用，祂會給我們兩、三個或四個確據。使徒保羅就是這方面的重要實例，亞拿尼亞則是關鍵的目擊者：

> 起來，到那叫直街的路上去，要在猶大家裡找一個大數人，名叫掃羅。你看，他正在禱告，在異象中他看見一個人，名叫亞拿尼亞，進來為他按手，使他可以再看得見。[15]

你難道不認為，那個把騎馬前往大馬士革的掃羅從馬背上摔下來的事件，就是神把掃羅轉變成保羅的一個徵兆嗎？但掃羅的有效接觸頻率還需要再多一點。

第一次，神透過從天而來、可聽見的聲音向保羅說話。第二次，神透過一個雙重異象來說話——掃羅在異象中看到了亞拿尼亞，亞拿尼亞也在異象中看到了掃羅。第三次，神明確而詳細地指示亞拿尼亞到直街找人。第四次，神透過醫治的神蹟使保羅重見光明。那是立體環繞音響。那是有效接觸頻率。那是神經過三番四次地確認後，終於確定掃羅聽見了祂的聲音。

安於現狀偏誤

在聖經裡，聖靈身兼多職。祂在我們身邊、賜人恩賜、使人知罪、啟示和提醒。但是，當聖靈要我們脫離日常的慣例時，祂常常激發我們的靈。

耶和華激發了撒拉鐵的兒子、猶大省長所羅巴伯的心。[16]

聖靈的激發可能是一種心神不寧的感覺，如同韋克遜牧師的經歷。有時候，那個激發始於神給予的渴望，而這個渴望變成烈火在我們的骨頭中焚燒。有時候，那是一個達到關鍵多數支持的構想。有時候，神會猛力搖晃船隻，甚至使船翻覆。

你可以稱之為聖靈的棒喝、戳刺、輕推或印記。我則稱之為一種「督促」，我把它比喻為聖靈那隻輕輕觸碰我們肋骨的手肘！聖靈經常以這種方式激發我們，要我們彼此關懷，勉勵行善。那是為了促使我們停止、開始或改變。

說一個有點怪異的個人瑣事，我總是把鬧鐘設定在偶數的時間。我不確定自己為何會

14 撒母耳記上3章2–10節；馬可福音14章72節；使徒行傳9章1–12節。
15 使徒行傳9章1–12節。
16 哈該書（哈蓋）1章14節。

這樣，但我知道我並不孤單。每次我坦承自己的這個怪癖時，會有「偶數」人公開承認他們也有相同的癖好。一些「單數」人也是如此！無論是哪一種，我們都是習慣的動物。我們天生傾向於做我們一直在做的，思考我們一直在思考的，說我們一直在說的。

我的鬧鐘偶數情結是一種被稱為「安於現狀偏誤」（status quo bias）現象的實例。兩個心理學家威廉·薩繆森（William Samuelson）和理查·澤克豪瑟（Richard Zeckhauser）於將近三十年前，首度在《風險與不確定期刊》（*The Journal of Risk and Uncertainty*）中使用了這個專有名詞。簡言之，「安於現狀偏誤」意指我們往往不多加思考，就繼續做我們向來在做的事。

你曾經收過第一年免費訂閱雜誌的優惠方案嗎？雜誌社實在是太慷慨了，對吧？錯！雜誌社、手機廠商、有線電視業者和信用卡公司，都深諳「安於現狀偏誤」的運作原理。當優惠方案結束後，我們全都忘了要取消服務。即使你沒有忘記，也會懶得打電話取消。重複做你向來在做的事情，這是人類的天性，但問題是：如果你總是做相同的事，你永遠只會得到相同的結果。既然如此，你怎麼還會期待出現不同的結果？

靈性成長的一個主要障礙，就是「安於現狀偏誤」。我們只要稍不留意，安於現狀會阻礙我們辨認神的督促。

在電腦科學裡，「內定值」（default settings，為軟體事先設定好的選項參數）會自動被分派給應用軟體、電腦程式和智慧手機。這些「打開即可使用」的設定被稱為預設設定，目的是為了讓系統的執行效能達到最佳化。

我們的生活運作大抵也是如此，我們所做的每一件事，都直接受我們自己的預設設定所支配。從我們醒來的方式，到我們吃東西以及與人互動的方式——我們所做的每一件事都變得模式化。某些預設設定支配了我們的思考和行動方式。好消息是：預設設定的一點小改變，會導致結果大不同。

幾年前，我嘗試減重，希望可以甩掉幾磅肥肉，但我碰到了最難熬的減重停滯時期。有天晚上，我在星巴克一邊向朋友大吐苦水，一邊喝著焦糖瑪奇朵，朋友低頭看著我的飲料，說：「你知道，你在自尋死路吧？」一杯焦糖瑪奇朵的熱量是二百五十卡路里，那是我當天的第二杯！那麼，如果我想要減重的話，我該怎麼做呢？我做了一件我唯一可以做到的事情：我改變了我的飲料預設設定。

今天留意一個小小的提醒，明天就會獲致巨大的成效。

推力單位

二〇一〇年，英國政府指派了一項任務給一個七人小組，要求他們根據行為科學來改善政府施政計畫。這個小組的正式名稱為「行為洞察團隊」（Behavioral Insights Team），後來以「推力單位」（Nudge Unit）著稱。政府撥給這個團隊一筆不算多的預算，以及一個受到保障的日落條款，聲明如果他們沒有看到任何具體成果，可以停止這項實驗。

這個小組的領導人大衛・郝普恩（David Halpern）在實驗計畫推行二十個月後，提交了第一份正式報告給當時英國首相大衛・卡麥隆（David Cameron）執政的政府。他的內閣大臣們起初表現得有些冷嘲熱諷，但是郝普恩用四張幻燈片成功說服了他們。第一張幻燈片顯示，只要在用字遣詞上稍微作些調整，就能增加數千萬英鎊的稅收。第二張幻燈片顯示，說服人民為自家閣樓施作絕緣工程的最有效方法，就是提供「閣樓清潔服務」。第三張幻燈片顯示，附上一張道路攝影機拍下的行車照片，能大幅提升車主繳交交通違規的罰款。第四張幻燈片則顯示，發送簡訊給過期未交罰款的違規者，會讓回應率倍增。

「推力單位」這個稱呼是為了向理查・塞勒（Richard Thaler）和凱斯・桑思坦（Cass Sunstein）兩位作者致敬，他們在合著的暢銷書《推力》（*Nudge*）裡，首創了「推力」的觀念。推力是一種方法，不靠強迫或命令的方式，就能激發和指引人們改變行為。推力證明了，些許的輸入改變，結果會大不同。

一個經典的案例是阿姆斯特丹的史基霍機場（Schiphol Airport）的男廁。操刀的設計師基布恩（Aad Kieboom）想出了一個點子，在每個男廁的便斗裡刻上一隻黑色蒼蠅，結果尿液外濺的比率大降了百分之八十。根據基布恩的說法：「當男人看到一隻蒼蠅，自然會瞄準直射。」

另外一個有趣的案例是芝加哥的湖濱路（Lake Shore Drive）。如果駕駛沒有注意到時速二十五英里的限制，行經一連串的S彎道會非常危險。那麼，芝加哥市府採取了什麼因應措施呢？他們在路上畫上白色線條，而且越接近彎道，條紋越密集，給駕駛人一種車速在加速的感覺。他們的本能反應又會是什麼？減速。

「當我們開車經過這條熟悉的道路時，」塞勒和桑斯坦寫道：「我們感覺這些線條在向我們說話，溫柔地勸誡我們在進到最大彎道之前先踩剎車。我們被輕推了一把。」

在我的經驗裡，上帝也採取了非常類似的做法，溫柔地輕推我們。在這裡是一閃而逝的意念，在那裡是一劑腎上腺素。或者就像韋克遜一樣，在這裡是些許的心神不寧，在那裡則是滿腔憤怒。塞勒和桑思坦為那些推力的設計者取了一個稱號：選擇設計師（choice architects）。以這點來說，沒有一個人做得比聖靈更好。

當神督促你要禱告，就禱告。

當神督促你要服事，就服事。

當神督促你要給予，就給予。

神正在要你做準備，但你必須順服祂的督促。而你的順服——不論是禱告、服事或給予——可能就是別人的奇蹟。

賽斯．博特（Seth Bolt）靠作曲以及和「需要呼吸」（Needtobreathe）樂團在世界各城市巡演謀生。這是他的熱情所在和呼召。但許多人不知道的是，當賽斯沒有隨樂團表演的空檔，他和妻子朵莉還有個熱愛的「業餘興趣」。二〇一五年，賽斯和他的父親在南卡羅來納州北部合力建造了一間豪華樹屋。賽斯和朵莉在那裡舉行婚禮和度蜜月，從那時候起，這間樹屋就成了來自世界各地的客人的祝福，提供人們在此下榻。

賽斯和朵莉結婚後不久，他們夢想著要在南卡羅萊納州的查爾斯敦市建造自己的樹屋。他們的樹屋不僅是他們遠離塵囂的靜心之處，更是其他人可以前來與上帝重新連結的地方。在讀了《勇敢告訴神，讓祂成就你的夢想》後，賽斯和朵莉開始在查爾斯敦市附近圈出一處三十英畝大的土地畫圈禱告。他們絕對愛上了這塊土地與生長其上、被青苔覆蓋的橡樹，但緊接而來的殘酷現實澆了他們一盆冷水。這片土地的售價超出他們的預算。他們只買得起一半的土地，但在激烈的競價下，有其他人提出了全額報價。就是在這個時候，聖靈感動賽斯和朵莉要跨出信心的一步。

在繼續這個故事之前，我要先提出我的一些信念。信心不是忽視現實，包括財務現實。信心也要估算成本——實際的成本和機會成本。不過，當事情的發展似乎不如預期時，信心不一定會認輸離去。信心知道上帝可以彌補差距，不論這個差距多麼大。為什麼？因為千山上的牲畜都是神的！當神給了我們一個異象，祂會供應一切需要。

賽斯和朵莉花了一年多的時間，尋覓他們的應許之地，他們祈求神給他們一個徵兆。他們的羊毛團是什麼呢？他們祈求神差派一隻禿鷹。就在他們必須做出這個人生中最重大的一個決定——報價或放棄——的那天，距離他們五十英尺遠的地方，有一隻老鷹就棲息在一棵青苔橡樹上。賽斯和朵莉知道，這不是巧合，這是神意。於是，他們憑信心買下那塊土地，完成簽約。當他們簽完約，那隻老鷹就飛走了。你能說那不是一個神聖時機嗎？但那遠不及隔日發生的事情令人驚嘆。

當賽斯和朵莉跨出那信心的一步時，他們不知道他們不是唯一對那塊三十英畝土地畫圈禱告的人。還有一對夫妻也在同一時間、在同一塊土地的周圍畫出祈禱圈，但他們的畫圈禱告不是為了買下它，他們單單是為了神的計畫、神的目的而做。當這對夫妻發現上帝給了賽斯與朵莉這個地產之夢時，他們給了兩人不夠的差額，而賽斯和朵莉只與他們打過一次照面。注意：是給，不是借。是誰做了那件事？是誰給了完全不認識的陌生人一筆金額不菲的錢，以實現他們的夢想？我會告訴你是誰——那是一個聆聽並遵行神平靜而微小的聲音的人。

用朵莉的話來說：「你無法憑空捏造！神回應禱告！」

六十秒

我在前文分享了我的最大膽禱告，以及一些未蒙應允的禱告。現在，我要分享一個可能是最快蒙應允的禱告。

當我們剛搬來華盛頓的時候，我負責帶領「城市聖經訓練中心」（The Urban Bible Training Center）這間福音機構的事工。蘿拉和我過著月光族的生活，或許更貼切的說法是我們仰賴其他人的金錢奉獻度日，因為我當時是個巡迴傳道人。當神感動我要為另一間華府的福音機構奉獻金錢時，我們甚至連自己的事工都還無法自給自足。就我們的財務而言，這個感動根本不合理。你如何給予你沒有的東西？我好不容易鼓足了信心寫下一張三百五十美元的支票，我讓自己理性的左腦停止運轉好一陣子，才把裝有這張支票的信封丟進郵局門外的郵筒。

接著，我走進郵局，從我的郵箱中取出郵件。郵箱裡面是一封來自「芥菜種基金會」（Mustard Seed Foundation）的信件，裡面附了一張一萬美金的支票。短短六十秒，我就獲得了百分之二千八百五十七倍的回報。

我並不相信「宣告就得著」（name it, claim it）這類成功神學的口號。

我也不相信你可以給的比神更多。

當施與受之間僅隔六十秒時，你很難錯過其中的因果關係。那是〈路加福音〉六章三十八節所說的時刻：「你們要給人，就必有給你們的，用十足的量器，連搖帶按，上尖下流的倒在你們懷裡；因為你們用什麼量器量給人，也必用什麼量器量給你們。」

神不是吃角子老虎機。我們所尋求的是永恆的報酬，而不是物質上的回報。但沒有人可以給的比神更多。如果你是出於錯誤的動機給人，在神國裡那不算數。但如果你是出於正確的動機，神國的法則便開始啟動！紐約大道L街45號前的郵筒是我的燃燒荊棘叢之一。神向我低聲密語，祂的聲音嘹亮而清晰！

督促的力量

現在，讓我們回到韋克遜的故事。

韋克遜在順服了聖靈的督促、搬到紐約後，他帶領了惡名昭彰的非裔幫派「茅茅幫」的老大尼基・克魯茲（Nicky Cruz）信主。《路標雜誌》（*Guideposts*）編輯約翰・薛瑞爾（John Sherrill）把這個見證編輯成這本雜誌有史以來第一個多線進行的故事，最後結集成《虎穴亡魂》一書出版，這本《紐約時報》暢銷書已經銷售超過一千五百萬本。

身為作家，我很喜歡《虎穴亡魂》一書的出版過程。這本書見證了來自聖靈督促的力量。這本書沒有找基督教出版社合作，韋克遜和薛瑞爾反而找了博納德・蓋斯（Bernard Geis），他是一九六〇年代出版羶色腥出版品的先驅之一。蓋斯即將出版海倫・布朗（Helen Gurley Brown）的新作《性與單身女孩》（*Sex and the Single Girl*），這本書才上市三個星期就締造了二百萬冊的銷量！蓋斯是個搞嚇人花招的高手，藉此製造爭議性的話題來賣書，既然如此，像他那樣的出版商為什麼要和韋克遜那樣的牧師合作呢？

至少，成功簽約的機會不大。因此，韋克遜告訴薛瑞爾：「讓我們把一團羊毛放在神的面前。」薛瑞爾甚至不知道一團羊毛的典故。韋克遜所做的，正是我們在探討「門」這個語言時，我採取的做法。他向薛瑞爾解釋了基甸如何給了上帝非常具體而實際的條件，藉此顯明祂的心意。

韋克遜在禱告時，放了兩團羊毛在神的面前。第一團羊毛，是這位大忙人總裁蓋斯能夠在當天（某個星期五）接見他們。如果你有向出版社提案的經驗，就會知道事情不是那樣運作的，那通常是一個非常耗時的往返過程。第二團羊毛，是蓋斯會當場提出五千美元的預付版稅給他們。「那個金額聽起來似乎不多，」薛瑞爾回憶道：「但在當時可以買一棟房子。」

第一個條件在蓋斯於當天下午撥出十分鐘接見他們時實現了，但他似乎對兩人的談話感到困惑。那麼，是什麼吸引了他的注意？他是真心被韋克遜的膽識所折服，他竟然甘冒生命危險接觸紐約幫派。但蓋斯沒有任何宗教信仰，他無法相信幫派成員和吸毒成癮者會尋求宗教。「寫個出書提案給我，」蓋斯說：「可行的話，我會給你們五千元。」

而故事並未在這裡結束。

注意你的雞皮疙瘩

一九六八年，好萊塢明星帕特．布恩（Pat Boone）讀了蓋斯出版的這本書，用布恩的話說：「我全身起雞皮疙瘩。」我已經在前面概述了我所謂的「雞皮疙瘩測試」，但我要對這一點做更進一步的說明。

就心理學而言，雞皮疙瘩是一種對於強烈情緒的本能反應。在這個例子裡，我認為雞皮疙瘩是「聖靈的激發」最早的生理證明。雞皮疙瘩是一種聖靈的督促。後來，這促成了《虎穴亡魂》改編電影的開拍，帕特．布恩扮演韋克遜。好萊塢外國記者協會（The Hollywood Foreign Press）雖然沒有頒給這部電影一座金球獎，但它是全球觀影人次最多的電影之一——總計有一百五十個國家的五千萬觀眾觀看過，而這始於雞皮疙瘩。

我了解，雞皮疙瘩對於理智型的人來說，或許不足以作為判斷的依據，我也不建議人們在情緒高漲的時候，做出任何足以改變一生的關鍵性決定。但也不要低估了你的直覺或本能反應。事實上，凡是會讓你汗毛直豎的事情，都要密切留意。

琳達．凱普蘭．薩勒（Linda Kaplan Thaler）是廣告界響叮噹的大人物，她創造出了一個朗朗上口的廣告口號：「我不想長大，我是玩具反斗城的小孩。」她也想出了「柯達時刻」這句廣告標語。琳達是怎麼分辨好點子和無用點子的？琳達坦率地指出（聽不出有任何歉疚的口吻）：「雞皮疙瘩是我在執行柯達廣告專案時的依據。」

我大力推薦在做行銷、策略和企劃時，進行這個測試。有些最好的企業點子始於雞皮疙瘩，這也適用於天父的事務。雞皮疙瘩不屬於我在本書闡述的七種語言之一，但它是一種「次方言」（subdialect）。千萬不要忽視了那些讓你起雞皮疙瘩的事情。或許，你所聽到的正是讓約翰．衛斯理的心感到火熱的聖靈發出的聲音。

要完整算出一個人的人生影響力是一項不可能的任務，因為我們的影響力比我們的壽命更持久。電影、書籍或組織的影響力，也是如此。不過平心而論，韋克遜的影響力遠遠超出他最狂野的想像。就和許多神蹟奇事一樣，這一切都開始於一個低聲密語。如果韋克遜忽視了聖靈藉著一九五八年《生活雜誌》專題報導給他的感動，會有多少由此衍生的故事無法誕生、被傳誦？這也適用於帕特．布恩從雞皮疙瘩而來的感動。

走到人生的盡頭，我們都會因為自己犯下的錯誤而有許多的懊悔。但我確信，錯過的機會會讓我們更加懊悔。因為那關乎我們是如何、為何、何時虧缺了神的榮耀。那麼，要如何確定我們沒有錯過神授與的機會呢？我們必須把神平靜而微小的聲音音量調高，並且確定祂的聲音是我們生命中那個最響亮的聲音！

第11章

第七種語言

痛苦——藉著悲傷與絕望所傳達的事

但在這荒涼、沒有人煙、沒有居民、也沒有牲畜的猶大各城和耶路撒冷的街上，必再聽見歡喜和快樂的聲音。

——耶利米書33章10－11節

馬丁．皮斯托留斯（Martin Pistorius）原本是一個快樂、健康的小男孩。後來，他在十二歲的時候得了一種怪病，昏迷不醒達三年之久。

當他醒來時，卻再也無法動彈、無法言語。閉鎖症候群（locked-in Syndrome）癱瘓了馬丁的所有隨意肌，只有眼珠還能上下轉動。馬丁的生理機能降到了植物人狀態。專家們的診斷都告訴他的父母親馬丁的智力是零，知覺也是零。這些專家都錯了，但是馬丁當時根本沒有辦法證明他們是錯的。他無法向外界傳達他的思想或情感，他是一個被禁錮在自己身體裡的囚犯。

馬丁被安置在一家療養院，臥床度日，日復一日、月復一月、年復一年地在寂靜無聲中度過了十三年半的歲月。當他被餵食滾燙的食物時，他無法告訴他們那有多麼難受。當他需要人輔助的時候，他甚至無法像嬰孩一樣嚎啕大哭。因為醫師診斷他只剩幼兒水平的智力，療養院人員就把二十五歲的馬丁放在電視機前，只給他看《小博士邦尼》和《天線寶寶》兩個幼兒節目。

沉默無聲地目睹著周遭的世界，馬丁感到徹底的孤單和無助——說是徹底的絕望可能更加貼切。「我整個人被埋葬了，」馬丁在他的回憶錄《困在身體裡的男孩》（*Ghost Boy*）裡寫道：「只有上帝知道有個男孩被困在這個無用的軀殼裡，我不知道我為什麼會如此強烈感受到上帝的同在。因為祂的同在，我的心靈也跟到得到癒合。祂就像空氣一樣與我同在，如同呼吸一般平常。」

每個人都把他當作彷彿不存在的人，甚至連他的父母親也是如此。除了一個名叫維娜的護士之外，所有人都無視他的存在，也只有她相信馬丁要比任何人所理解的都更清醒。維娜看過一個電視節目介紹了一項新科技，一個不能說話的中風病人，在一種電子裝置的輔助下，得以與外界溝通。然後，她在馬丁耳畔輕聲說出了帶來盼望的話語：「馬丁，你認為你做得到嗎？我相信你一定做得到。」

在一次拜訪比勒陀利亞大學（University of Pretoria）的「非傳統溝通中心」的機會中，維娜的堅持不懈有了回報。透過追蹤眼球動作的紅外線感測器，醫生要馬丁辨認螢幕上所顯示的圖片——第一張是一個球，接著是一隻狗，然後是電視機。馬丁利用他唯一能控制的事物——他的眼球移動——指出每一樣物件。

在罹患閉鎖症候群、被困在自己身體裡十三年後，馬丁運用一根操縱桿，製造出電腦語音，藉此與人溝通。兩年後，他找到了第一份工作。他上了大學，他開創了一家公司，他結婚了，而且他還寫了一本書。他的所有這些成就，都是透過一根操縱桿做到的。

我知道，有一些讀者覺得自己和馬丁一樣——充滿了沮喪、無助、恐懼、挫敗和不被人所理解。即使置身在人群當中，你依舊感到孤單。你經歷過美好的日子，但它們卻是如此短暫。你永遠不知道憂鬱症何時會來敲你的門。

你要知道，你不是孤單一人。

我們當中沒有一個人不曾與自己難以啟齒的祕密、令人喪膽的恐懼和苦澀的回憶奮戰。如果這個統計數字成立，那麼有百分之六．七的人罹患憂鬱症，百分之八．七的人罹患某種恐懼症，有百分之十八的人則罹患一種焦慮症。這些情緒上的挑戰是非常真實的，但盼望也同樣如此真切。

跌入谷底

聖經這本書，是關於真實的人物在面臨人生的問題時，所經歷到的真實痛苦。它開始於伊甸園裡發生的一個犯罪的決定。起初，這個罪的後果是導致女人必須經歷生產的痛苦，以及人類必須汗流滿面才得以糊口。[1] 但這個罪最終的結果，卻是帶給人類全面性的

1 創世記3章16－17節。

痛苦——生理上、情感上和靈性上的痛苦。好消息是：在天堂裡沒有痛苦。[2] 但在天地之間，痛苦是必然的，沒有人能逃脫。

聖經最古老的書卷是〈約伯記〉，約伯的人生就是痛苦和患難的縮影。他失去了財富和健康。更糟的是，他失去了希望。約伯被擊垮，他最終要求上帝結束他的性命。但即使是在苦難最大的時候，他仍然保有一絲殘存的喜樂：「我因沒有違棄那聖者的言語，就仍以此為安慰，**在不止息的痛苦中仍有喜樂**。」[3]

《新美國標準聖經》翻譯為：「在冷酷無情的痛苦中，我仍能歡呼喜樂。」

《霍爾曼基督教標準聖經》翻譯為：「在不止息的痛苦中，我還可踴躍。」

《英文標準版聖經》則翻譯為：「在冷酷無情的痛苦中，我還要歡欣喜樂。」

希伯來字的「喜樂」只在聖經中出現一次——那是一種稀有、極致的喜樂。那種喜樂不是否認現實，而是起來對抗現實。那是在面對巨大的失落時，發出的勝利歡呼。它的最貼近直譯是：**向馬一樣躍起**，**連石頭都要發出火花**。那不僅是因為歡欣而踴躍，那是把絕望踩在腳下翩然起舞。

不知為何，約伯在苦難中依舊保有少許喜樂。如果可以的話，約伯會改變他的景況嗎？他一定會立刻改變。但約伯在這個簡單的事實中找到了喜樂：他沒有否定以色列的聖者、至高神的話語。

在艱困的時刻，我們可能覺得上帝彷彿已經背離我們而去。那麼，我們通常會怎麼做呢？我們往往也會選擇背離祂。但這個時候，正是我們需要全心倚靠神的時候。這就是約伯的做法。他沒有與神斷絕關係，他沒有停止聆聽神！

我可以向你發出挑戰，請你效法約伯嗎？

或許，神要說的某些話，除了痛苦之外，沒有別的方式能讓我們聽到。

對我而言，這是最難寫的一章，或許也是讀起來最沉重的一章。痛苦一點都不令人愉悅。但路益師說的一點都沒錯：「神在我們的歡愉中，向我們低聲密語……但祂卻在我們的痛苦中，向我們大聲疾呼。」

請聽我說。我們所知道的每一種歡愉，都是神所賜的禮物。

性？是神的點子。

食物？是神的點子。

娛樂？是神的點子。

當我們濫用或誤用這些歡愉，它們就會轉變成痛苦，但毫無疑問地，每一種最純淨的歡愉，都是神所賜的禮物。沒錯，當我們試圖以非法的方式來滿足正當的需求時，我們就是在追求罪惡的享樂。但歡愉是神給的禮物，神透過它們向人說話，我們應該為此感謝神。然而，我們也應該更加留意痛苦。

2 啟示錄21章4節。
3 約伯記6章10節。

痛苦的禮物

在更進一步地闡述之前，容我大膽地說：痛苦可以是一種禮物。若不經歷痛苦，我們會不斷重蹈覆轍。若不經歷痛苦，我們只會安於現狀。若不經歷痛苦，我們會輕忽那些足以奪去我們性命的問題。

事實上，二〇〇〇年七月二十三日，痛苦救了我的命。那個星期日早上，我因為腹部的劇烈疼痛而醒來，但我輕忽了這個疼痛。我站在台上試圖傳講主日信息，但那是我唯一一次沒有完成的講道。我才開始講五分鐘，腹部就加倍疼痛起來。最後，我躺在華盛頓醫學中心（Washington Hospital Center）的急診室，核磁共振掃描顯示我的腸道破裂。我立刻被推進手術室進行急救，我原本會死在那裡。如果不是這個令我難以忽視的劇痛，我必死無疑。

我戴了兩天的呼吸器，為了活下來而奮戰。七天之內，我的體重就掉了二十五磅。相信我，有比這個更好的減重方法！這件事的結果，就是我的肚子上留下了一道長約三十公分的開刀疤痕。

有時候，最大的喜樂是伴隨著最大的痛苦而來，母親的生產可以證明。很少有人會比運動員更常經歷身心的煎熬，但是伴隨獲勝而來的狂喜，曾經的痛苦都被拋在腦後了。

我想要再次與死神擦身而過嗎？絕對不想！但我不會拿這個經驗與世上其他任何事物

交換。這次的經歷使我不再把每一天視為理所當然。而且，在這段備感艱辛的日子裡，我不僅感受到神真實的同在，就和我感受到的其他任何真實事物一樣真實。在痛苦無助的日子裡，我不僅感受到神的同在，我所聽見最清晰的聲音，便是神的聲音。

還記得《舊約聖經》中的約瑟嗎？青少年時期的他情商是零，這一點都不稀罕。但是經過了十七年的苦難試煉，他取得了同理心的研究所學位。而且，就是因為一個出於同理心的舉動——注意到一個獄友面露愁苦——約瑟最後拯救了兩個國家。

痛苦可以蛻變為神學教授。

痛苦可以蛻變為婚姻顧問。

痛苦可以蛻變為人生教練。

沒有任何事情像痛苦一樣，可以吸引我們的全部注意力。痛苦粉碎了虛假的偶像，煉淨了虛假的動機。痛苦顯明了我們在哪些方面需要被醫治、哪些方面需要成長。沒有其他事物比痛苦更能使我們重新聚焦在優先事項上。痛苦是神煉淨我們人生的過程中，不可或缺的部分。

許多聖經裡的男女主角忍受著靈魂的暗夜。約伯失去了一切。撒萊（撒辣依）與不孕奮戰。摩西是個逃亡了四十年之久的逃犯。大衛有個想要殺他的岳父。抹大拉的馬利亞被鬼附。彼得在三次不認主後，陷入自我懷疑的掙扎中。還有，保羅殘害基督徒的記憶，烙印在他的靈魂深處。而他們全都有一個共同經歷：他們在人生最黑暗的時刻，聽見了上帝的低聲密語。而且，他們靠著上帝的恩典，成功走出人生的幽谷。

我為你所做的禱告，不是免受艱苦。我的禱告是，你能在苦難中學會分辨神的慈愛聲音。神是否正藉著苦難教導你學會某項功課？在你的性格中，有哪個部分不藉著苦難就無法養成？

我當然不是在暗示，所有的痛苦都是上帝造成的。痛苦是咒詛的結果，而且痛苦是最常見的一種罪的徵兆。但有時候，痛苦是來自神的禮物。痛苦是我們不能忽視的一種語言！你可以把聖經擺在你旁邊的書桌上，不去讀它。你也可以忽視渴望、夢、門、督促和人等語言。但你忽視不了痛苦，不是嗎？

如果你可以跟著我繼續讀後面的書頁，我確信以下的聲明將會更加合理：當神用痛苦來彰顯祂的榮耀以及為了我們的益處時，痛苦就是來自神的禮物。祂使用痛苦，好教我們脫離上癮的行為。祂使用痛苦，好讓我們脫離逆境。祂使用痛苦，好讓我們擺脫恐怖情人。記下來，然後脫離一切困境。

在耶穌重複所行的神蹟中，治癒痲瘋病人可能比其他神蹟都來得多。你可曾停下來思考這個神蹟成就了什麼事呢？別的先不說，耶穌恢復了他們的觸覺。痲瘋病人的咒詛之一是喪失感覺。一個痲瘋病人感覺不到痛或愉悅。他們對周遭的物質世界變得麻木，這會危害他們的生活。因此，耶穌給了他們這個禮物——恢復他們的觸覺，一個包含了可以感知歡愉和痛苦的禮物。

「沒有痛苦！」

有句古老的諺語：「沒有痛苦，就沒有收穫。」其實，這句古諺比你們所認為的要更為古老。它不是源自於一九八〇年代女星珍芳達的有氧舞蹈錄影帶，它可以追溯至第二世紀的一位猶太拉比，他說：「受苦，靈命便長進。」

讓我們承認吧，我們大多數人更偏好這種哲學觀：「沒有痛苦，就不會受苦。」我們傾向選擇阻力最少的那條道路，但這不會帶領我們通往神要我們去的地方。我當然不是在說我們要自找苦吃。痛苦總是很快就找上我們，但是，當痛苦來襲時，我們不應該想方設法繞道迴避。反過來，我們要穿越痛苦，並且學會分辨神藉著痛苦、悲傷和憂患要告訴我們什麼。

如果受苦有更崇高的目的，痛苦確實可以產生一定程度的愉悅感。當神應允我的最大膽禱告、治癒我的氣喘時，我決定展開我人生的第一次馬拉松訓練，藉此慶祝和證實神的醫治神蹟。十八週的訓練計畫是我做過最辛苦的事情之一。基本上，我逐漸加長跑步的距離，讓自己的身心承受越來越大的痛苦。但是當我越過芝加哥馬拉松大賽的終點線時，所有的痛苦都將成為過去，而完賽的成就感將烙印在我的腦海中，成為永久的回憶。

我在進行體能訓練的時候，使用的配樂之一是電影《洛基4》的一首插曲。這首歌曲幫助我再撐久一點、再多跑幾步。這部電影我已經看得滾瓜爛熟，我可以如數家珍地描述洛基在白雪覆蓋的高山上練跑；用電鋸鋸木頭，劈開木頭；用熊爬式拉雪橇，肩上還扛著一根木樑，用弓步蹲的動作走過及腰的雪地；在一間老舊穀倉裡，做羅馬椅仰臥起坐，利用一根牛軛做核心訓練，以及藉助一輛馬車來加強肩上推舉……等場面。這和你平常的體能訓練一樣嗎？還是等級差很多？你可能不想訓練得這麼痛苦，但若非如此，你還有什麼方法可以擊敗強大的對手伊萬・德拉戈呢？

你還記得洛基的教練一再重複的那個四字訣嗎？當我碰到訓練的撞牆期時，我的腦海裡有時候會浮現這幾個字。洛基的教練杜克總計有四次是在穀倉、兩次是在比賽鈴響的時候，說了這個四字訣：「沒有痛苦！沒有痛苦！沒有痛苦！」我不認為那是要否認洛基所承受的劇烈疼痛。那是為了提醒洛基他有一個更崇高的目的，可以讓他超越疼痛——那就是勝利已經在望。

如果隧道的盡頭是光，你就能穿越任何障礙，朝著盡頭往前行。對於基督徒而言，光永遠在。但我要提醒一件事：**不要過度專注於如何擺脫困境，這反而對脫困一點幫助都沒有**。有時候，我們想方設法改變的處境，正是神用來改變我們的環境。所以，你在服用止痛劑之前，先仔細聆聽神在這段艱困時光裡，祂要對你說什麼。

這帶領我們回到約伯以及一些最重要的課題上。

第一點，不要假裝痛苦不存在。不論做什麼，不要假裝以對。那對任何人都沒有好處。即使你的狀況不好，也沒關係！坦承以對是療癒過程的第一步。一般而言，美國人不擅披麻蒙灰，[4]不過，會有一個適當的時機讓你可以撕裂外袍，剃了頭，俯伏在地上敬拜。[5]如果我們無法宣洩自己的悲傷，受創的傷口依舊無法癒合。哀傷是療癒過程的一部分——這是用來清潔傷口的情緒抗菌劑。每個人表達哀傷的方式因人而異，所以給別人一點自由的空間吧。

第二點，不要用陳腔濫調來詮釋痛苦。約伯的朋友只要繼續保持沉默不語，就是對約伯最大的慰藉。面對處於苦難或悲痛中的人，我們總覺得有壓力要說些適當的話。那麼，我對此的忠告是什麼？少說多聽。有時候，少說勝過千言萬語！

靈魂的暗夜

德蕾莎修女把一生都奉獻給印度加爾各答貧民窟的病患、窮人和垂死之人，她愛他們。一九七九年，她獲頒諾貝爾和平獎。二〇〇三年，她被列入天主教的宣福名單。獲得這樣的榮譽，讓我們很容易認為德蕾莎修女是個獨一無二的存在，可以超越懷疑、灰心與失望。但是，德蕾莎修女公開的日記告訴了我們一個迥異的故事。她寫道：「人們告訴

4 譯注：披麻蒙灰是猶太人表達哀傷或是真心悔改的表達方式，請參考：約拿書3章5–6節、創世記37章33–34節和以斯帖記4章1節。

5 約伯記1章20節。

我，上主住在我裡面──然而，現實的黑暗、冷淡和空虛是如此強烈，以至於沒有任何事物能夠觸動我的靈魂。」

這聽起來有點像約伯，不是嗎？

連耶穌都說過：「我的神，我的神，祢為什麼離棄我？」[6]當耶穌被釘在十字架上，祂感受到與天父之間的隔絕是如此遙不可及，然而，此時此刻卻也是祂最接近完成上帝旨意的時候。我們不應該被矇騙。當上帝看似使我們失望時，其實祂正在安排我們當下無法理解的事情。

如果連德蕾莎修女都無法不受靈魂暗夜的影響，我們或許也不行。既然連耶穌都經歷過這樣的時刻，感覺到天父離祂遙遠，我們或許也會面臨到。我不知道這究竟是激勵人心或是令人沮喪的事──或許，兩者都兼具一點。容我提醒一件事，信心不是飛行在暴風雨之上，而是穿越暴風雨仍能經受得住。信心是我們在看不到神伸手的時候，依舊信靠神。信心是明白有時候阻礙就是道路！

如果你想要知道神會在哪方面使用你，不必捨近求遠，你所承受的痛苦就是答案。我們可以在我們受過傷害的地方幫助人。我們的試煉變成了我們的舞台。我們的軟弱成為我們的力量，因為神的能力在我們軟弱的時候顯得完全。[7]

如果約伯承受了漫長而疲乏的黑夜和沮喪的歲月，[8]我們很可能也會經歷到類似的際遇。但如同約伯一樣，我們可以安然度過，而且享有比以前更大的福分。

這樣，耶和華後來賜給約伯的福比先前更多。[9]

我可以大膽地相信，那樣的福分是為你、為我而準備的嗎？

我無法保證我們會過著沒有痛苦的人生（即使可以，我也不會這樣做）。但是我可以保證，神只要開始了祂美好的工作，就必成全這工作。[10] 我也可以保證，神的同在有滿足的喜樂。[11] 但我們的靈性旅程不會是一帆風順的，它充滿了曲折和起伏，那個過程經常是前進兩步、退後一步。但是，神從未停止愛我們，祂帶領我們走過人生的每一個季節。

不論我們知不知道，神都正在完成祂的計畫。但我們應當「恐懼戰兢」地完成自己的救恩。[12] 我想起洛基在蘇聯雪山上的經歷，以他來說，就是「恐懼戰兢」再加上嚴刻的「體能訓練」吧。神的禮物是免費的，但並非唾手可得。應許之地是神給祂的選民以色列百姓的禮物，但他們還是要與住在當地的高大民族爭戰，才能得到應許之地。你也是，而

6 馬太福音27章46節。
7 哥林多後書12章7–10節。
8 約伯記7章3節（編注：中譯本聖經翻譯為：我也照樣經過困苦的日月，夜間的疲乏為我而定）。
9 約伯記42章12節。
10 腓立比書1章6節。
11 詩篇16篇11節。
12 腓立比書2章12節。

且，你也會和以色列人一樣，在身上留下戰鬥的傷痕。

痛苦是咒詛的一部分，但這並不表示神不能拯救我們脫離痛苦、重新運用我們的痛苦，並透過痛苦來向我們說話。痛苦無疑是一種難以讓人領悟的語言。但就和其他每一種語言一樣，痛苦也是愛的語言。我們不敢忘記我們有一位受苦的救主——祂為了那擺在面前的喜樂，忍受了十字架的苦難。[13]

人若是為了追求一個神聖的目標，就能忍受苦難的試煉，十字架已經顯明了這個真理。最劇烈的痛苦不是「九尾鞭」的鞭笞，[14]或是被釘入「七吋釘」；是全人類的罪都擔在耶穌的肩頭上，而祂並沒有犯罪。[15]神使那無罪的代替我們成為有罪的，而有件事物一直在支撐著耶穌——就是你。是的，耶穌為了擔當我們的罪而被釘在十字架上。但祂因為愛我們，就願意留在十字架上。

簡言之，你值得基督為你被釘在十字架上。如果耶穌甘心樂意被懸掛在祂的十架上，我們當然也能背起我們自己的十字架！神選擇了死亡（而且是一種最痛苦的死亡方式）來向我們清晰而嘹亮地輕訴祂對我們的愛。

死蔭與盼望

美國聯邦眾議員潔米．布特勒（Jaime Herrera Beutler）和她的丈夫丹，等不及要聽腹中胎兒的心跳聲。那是一次例行的產檢，然而醫生在做超音波檢查時的臉上表情，透露了有哪裡不對勁，而且事態嚴重。

他們從醫生口中得知，他們尚未出世的女兒罹患了波特後遺症（Potter sequence），這是一種罕見疾病，因為羊水不足導致肺部發育不全。潔米的孩子罹患了其中一種最嚴重的後遺症：雙側腎功能衰竭。醫生告訴潔米，如果她不終止妊娠，她會流產，或者孩子還是會出生，但有可能出生後因為窒息而死在她的懷中。

這無異是晴天霹靂，讓人措手不及。

當醫生告訴你，孩子存活的機率是零、孩子的疾病是百分之百致命的，而且這個預先判斷從來都沒有例外時，你該怎麼辦？

就在醫生宣布這個消息時，潔米感覺到了胎動。「這對我是一個徵兆。我不會終止妊娠。」她說。儘管致死率是百分之百，丹和潔米決定把足月懷孕的神蹟交託在神的手裡。他們也從聖經裡得到神給他們的話語。

沒有一件事像孩子生病一樣，可以使父母屈膝在神面前，而這就是大衛和拔示巴行淫後，發生在他身上的事。就在他試圖從自己的羞恥中力圖振作的時候，他得知兒子生了重

13 希伯來書12章2節。
14 馬太福音27章26節。
15 哥林多後書5章21節。

病。大衛做了什麼事？他為孩子懇求神。這個聖經故事並沒有一個快樂的結局。大衛穿上麻衣，不吃不喝七天。儘管他盡了自己最大的努力，他的兒子還是在七天後死去。[16]

潔米和丹決定為他們的孩子奮戰。從現在回頭看，他們稱之為「奮戰的季節」。他們原本大可為此而悲傷難過，他們的本能反應也是如此，但他們選擇對抗這股絕望感。如果你發現自己也面臨類似的處境，我要鼓勵你效法他們。用丹的話來說，就是「不要搶奪上帝施行神蹟的機會」。

就在他們宣布尚未出生的孩子罹患波特後遺症後不久，《今日美國報》（*USA Today*）做了一篇關於布特勒夫婦和他們胎兒的專題報導。公關專家羅伯．福爾默（Rob Volmer）平日不看《今日美國報》，他有一天在旅館大廳等候客戶的時候，恰好讀到了這篇報導。這篇報導吸引了他的注意力，因為他和妻子有個孩子也罹患了類似的疾病，後來透過羊水灌輸救回一命。

這件事只是一個巧合，對吧？錯！神夠大，大到可以透過報紙的報導向人說話。神夠大，大到可以連結兩個陌生人。在這個例子裡，神兩個都做了。

羅伯聯絡了兩人的一個共同朋友，與潔米接上線。他把布特勒夫婦介紹給賓斯托克（Bienstock）醫生，他是馬里蘭州巴爾的摩市的約翰霍普金斯醫院的高危產科醫師。賓斯托克醫生第一次替潔米做超音波檢查的時候，不是很樂觀，因為胎兒明顯畸形，但在做了第一次羊水灌輸後的一星期，胎兒畸型的頭部、棒狀的雙腳和細小的胸部，看起來都變得正常了。

他們有了一絲希望。用丹的話來說就是：「百分之零和千萬分之一的希望之間，有天壤之別。」[16] 在剩餘的懷孕日子裡，潔米和丹生活在死蔭的幽谷中，但他們安居在盼望中。[17] 他們持續奮鬥到二〇一三年七月十一日，他們的女兒在這天誕生了，早產兩個月。瘦弱的愛碧嘉只有兩磅又十二盎司，但是她發出了大哭的聲音，如果你的肺部無法運作，你是哭不出來的！潔米浮出的第一個念頭是什麼？我們經歷了神蹟！[18]

奮戰的季節

當你被診斷出有消化疾病、夢想變成噩夢，或是你的婚姻破裂時，你可以做出抉擇。你可以退縮，或是站立在神的應許之上。你可以任由恐懼、憤怒、罪惡感控制你而放棄，或者你可以起來懇切地禱告，相信事情能不能成就完全依靠神，而能不能辦好則完全依靠你，因此認真努力去做點什麼。

對潔米來說，奮戰意謂在清晨四點起床，驅車前往巴爾的摩接受羊水灌輸，緊接著是

16 撒母耳記下12章16–18節。
17 使徒行傳2章26節。
18 這段敘述是丹．布特勒對作者的口述，並且獲得布特勒的同意刊登。

在國會的漫漫長日。對丹來說，奮戰意謂把法學院暫擺一邊，以照護愛嘉碧每天晚上的洗腎治療，最後甚至捐出自己的一枚腎臟給愛女。

為你所相信的事情奮戰，要比向你所恐懼的事物認輸更加困難，但如果你要過著抱持信心的生活，這是你的唯一選項。

你在什麼事上不再相信神？你在什麼事上感到絕望？那就是你要安居在盼望中之事。那就是你要做的最大膽禱告。該是起來奮戰的時候了。

起來，為你的婚姻奮戰。

起來，為你的孩子奮戰。

起來，為你的健康奮戰。

起來，為你的夢想奮戰。

起來，為你的信念奮戰。

起來，為你迷途的朋友奮戰。

起來，為你的宣教禾場奮戰。

奮戰並非易事，但有個好消息：神在為你奮戰！在你清晨醒來之前，聖靈就在為你代求，在你晚上就寢之前，聖靈依舊在為你代求。與我們敵對的，神便與他們敵對。[19]而且，如果你是為了正當的原因奮戰，我向你保證，神正在為你奮戰！靠著我們對神的信心，祂為我們爭戰。

還記得我在第一章提到的「音罩」嗎？根據〈詩篇〉三十二篇七節，神始終以得救的樂歌四面環繞我們。把這些環繞的歌聲想成是我們的第一道防線，聖靈的代求是第二道防線，還有第三道防線：耶穌坐在父神的右邊，也替我們祈求。[20]停止過著那種彷彿耶穌仍舊被釘在十字架上的生活。

唯一被釘在十架上的是我們的罪。[21]

你知道神的目光從未從你身上離開嗎？你知道為什麼嗎？因為你是祂眼中的瞳人！[22]不僅如此，神的耳朵對準了你的聲音，因此祂聽到的不僅是你的話語而已。

耶和華啊！求你留心聽我的話，
顧念我的嘆息。[23]

嘆息是一個長而深的呼氣。那是我們的身體對悲傷的一種回應。嘆息與平靜而微小的

19 詩篇35篇1節。
20 羅馬書8章34節。
21 歌羅西書2章14節。
22 詩篇17篇8節。
23 詩篇5篇1節。

輕聲呢喃非常類似。當我們不知該說什麼時，就會發出嘆息。但是〈詩篇〉告訴我們，嘆息不僅是一種低頻的愁苦徵兆，它還是一個無聲的禱告。

我的岳父鮑伯．史密德高（Bob Schmidgall）的過世，對我的人生產生了最大的衝擊。五十五歲，正值他的人生頂峰。在他心臟病發、被接回天家之前，他的醫生還開了一張身體健康證明給他。在那段哀痛逾恆的日子裡，我注意到自己經常嘆氣。也是在這個時候，我在聖經裡讀到了帶給人最大安慰的話語之一：「顧念我的嘆息。」[24]

即使在我們最深的傷痛裡，神仍然在傾聽我們。祂總是如此貼心地把頻率對準我們，而能聽見我們無聲的嘆息。不僅如此，聖靈也用說不出來的嘆息為我們代求。[25]如果我們能夠聽得更清楚點，那正是我們會聽到的神的聲音。我們也會聽見環繞在我們周圍的得救的樂歌。如同神的憐憫每天早晨都是新的，[26]祂的慈愛代求永不止息。

獻上讚美的祭

約伯是如何從人間地獄活了下來？「俯伏在地上敬拜」。

如果你想要走出艱困的歲月，你必須向神獻上讚美的祭。我知道那說起來容易，做起來難，但除此之外，別無他法。最難讚美神的時候所獻上的讚美，往往是最大的讚美。

那就是約伯如何能夠在靈魂的暗夜，得以倖存的原因。

那就是大衛如何能夠在曠野的年日，得以倖存的原因。

那就是保羅和西拉如何能夠出獄的原因。

我有一個宣言經常在我們教會裡被複誦：**不要讓你的過犯攔阻你敬拜神的義**。不要讓定罪的聲音攔阻你敬拜神，要用讚美的歌聲勝過它。如果你的敬拜是建立在你的外在表現上，你就不是在真正地敬拜神。那種敬拜是一種自我崇拜，因為那是建立在你的行為表現上，而不是建立在神身上。

唯一能平息痛苦的方法，就是用讚美的讚美的歌聲勝過它。還記得托瑪迪斯效應嗎？要用歌聲勝過你的痛苦，你必須聆聽神的低聲密語。

我在腸破裂手術之後的漫長療養期間，我學會了透過不斷重複播放、跟唱一首詩歌，直到我相信歌詞所述，來敬拜神。有一首達倫．伊凡斯（Darrell Evans）演唱的詩歌，我播放了不下數百遍。它是我的主題曲，而它最終也成為了我的現實：

我交託我的疾病。
我交託我的痛苦。

24 詩篇5章1節。
25 羅馬書8章26節。
26 耶利米哀歌3章22–23節。

以下是我對敬拜的一些觀點。

第一，最難讚美神的時候所獻上的讚美，就是最大的讚美。在我們最不期待神的愛和最不配得祂的愛的時候，神愛我們，但我們的景況使我們難以回報祂的恩惠。如果你只在想要敬拜的時候敬拜神，你會變得越來越不想敬拜。如果你學會在最艱困的時候讚美神，你就知道最好的事物還沒有來。不要忘了，你是神所喜悅的，那你也以神為喜悅嗎？

第二，凡是沒有化為讚美的事物，都會轉變為痛苦。如果你把痛苦深藏心底，只會讓情況變得更加惡化。一個小小的惡行，會隨著時間過去轉變為巨大的苦澀，而在你認知到這點之前，你已經身陷在極度痛苦的境地中。如果你抱怨以對，情況會惡化成開放性骨折。你的靈魂仇敵希望你繼續掩飾自己的創痛，而這只會導致你與神和其他人越來越疏遠。處理痛苦的最佳方法，就是把你的傷痛告訴神。要怎麼做呢？對著你的痛苦唱歌，用讚美的歌聲走出你的痛苦。

我要一路回到我們最初開始的地方。如果你的人生走了調，或許是因為你被負面的自我對話所擊敗，以至於神找不到向你說話的機會。或許，你聽久了那些讓自己感到自慚形穢的聲音，以至於你不再相信別人對你的讚美。或者，那是仇敵的譴責聲音，他以謊言欺騙你，使你看不清真正的自己。

當痛苦在你耳邊放聲尖叫，你很難聽見神的聲音。而止息這些聲音的方法，就是對著它們唱歌。

最後，唱出來，並且相信你所唱的。我們真的相信我們所唱的嗎？我們或許應該通知我們的表情，順便也通知自己的雙手雙腳。當你興奮或激動時，很難保持靜止不動。我不認為你一定要像我的朋友伊斯特曼一樣，要在樹叢中跳舞。但如果你相信你所唱的，不要只是唱而已，還要大聲宣告出來。

信心的宣告

我永遠不會忘記在我做了那個最大膽的禱告，祈求神醫治我的氣喘後，我們所唱的詩歌〈祢是偉大神〉，這是「全體兒女」（All Sons & Daughters）樂團譜寫的一首合唱曲。「祢氣息在我心，我獻上讚美。」當我唱的時候，我幾乎唱得渾然忘我。為什麼？因為我相信歌詞中所傳達的意義。

我們不要只是相信，
我們要公開宣告表明我們的信仰。

史蒂夫·福斯特（Steve Foster）是美國大聯盟科羅拉多洛磯隊的投手教練，他最近分享了他的一個親身故事，讓我聽了開懷大笑。差不多在三十年前，他被辛辛那提紅人隊叫上大聯盟的時候，他們正在對戰蒙特利爾博覽會隊。史蒂夫必須前往加拿大與球隊碰面，但他從未出過國。他在機場通關的時候，海關人員問了他一個例行問題：「福斯特先生，你為什麼來這裡？」史蒂夫回答他：「我來這裡，是為了要跟蒙特利爾博覽會隊對戰。」

這名海關人員看起來不相信他的話，因為史蒂夫隻身一人，沒有其他隨行人員。海關接著問他：「你有什麼要申報的？」如果你有機場通關的經驗，就知道這是常見的問題，但史蒂夫完全不知道他在問什麼。史蒂夫說：「對不起，你是說？」海關又問了一次：「你有什麼要申報的？」在英文裡，「申報」還有「宣告」的意思，所以史蒂夫回答他：「要宣告什麼……我以身為美國人為榮？」完全錯誤的回答！結果，他真的被銬上手銬遭到訊問，使他延誤了他的第一場大聯盟球賽！

容我做一些宣告。

你不等於你犯下的錯誤。你不等於那些貼在你身上的標籤。你也不是仇敵試圖向你推銷的那些關於你的謊言。

你是神所說的那個你。

你是神的孩子。

你是神眼中的瞳人。

你是受歡迎的。

你不只是一個得勝者。

你是在基督裡新造的人。

你是基督的義。

還有一點，你靠著那賜給你力量的神，凡事都能做。

我們所有的問題，都源自於我們對「神是誰」出現了錯誤的認知。

罪惡感的問題源自誤解了神的恩典。

控制的問題源自誤解了神的主權。

憤怒的問題源自誤解了神的憐憫。

驕傲的問題源自誤解了神的偉大。

信任的問題源自誤解了神的良善。

如果你正在與上述任何一個問題角力，那麼現在就是最佳時機，讓神的聲音成為你的生命中，那個最響亮的聲音！

結語

聽力測驗

神就是愛。

——約翰一書4章16節

一九三七年十月一日，一筆六萬美元的捐款開啟了哈佛大學一項研究計畫，該計畫在八十年後的今天依舊活躍。這項計畫挑選了六十八名大二學生作為研究對象，包括了當時只有二十歲、後來成為美國總統的約翰．甘乃迪。從這項研究計畫開始啟動，受測學生每兩年固定要接受醫學檢查、心理測試以及個別的訪談，經年累月下來，這些個案的研究檔案猶如大部頭字典般厚重。這些檔案目前被保存在波士頓芬威公園後面一間辦公套房裡，作為史上最長時間的人類發展縱向研究，它是這個領域研究人員的聖杯。

將近四十年後，這個聖杯的守護者喬治．威朗特（George Vaillant）醫師，在他的著作《幸福年老的祕密》（*Triumphs of Experience*）中，打開了金庫的大門，揭開了其中一些祕密。舉例而言，過上幸福老年生活的最重要指標，就是童年時期的「溫暖關係」。根據研究，那些在兒時擁有溫暖關係的人，他們的年收入比起缺乏者平均高出十四萬一千美元。不過，讓我回到正題。

我受到的最大震撼，是威朗特的七字總結。他把這項長達八十年、斥資兩千萬美元的研究，簡要地歸納如下：「幸福就是愛。句點。」確實如此，前五個字道盡一切！用威朗特的話說，就是：「幸福只是馬車廂，愛才是拉車馬。」

記住這段話。

聖經是一本大部頭巨著——它實際涵蓋了六十六本書。如同我在前文所述，聖經寫作的年代橫跨十五個世紀以上。簡言之，聖經是一項無與倫比的縱向研究，對於人類本質和上帝屬性的洞悉，堪稱無敵。儘管我無意要過分簡化一本大部頭巨作，但我想我可以把聖經的故事情節用五個字總結：**神是愛。句點。**

最真實的真理

神在聖經中有四百多個名字。祂是奇妙策士、全能神、和平之君。祂是聖父、聖子和聖靈。祂是道路、真理和生命。[1] 這些都是祂，如此豐富而超乎人類心智的理解。但如果你問我，我認為神的最真確屬性是哪個，我的答案會是使徒約翰用來一言以蔽之全能上帝的那三個字：神是愛。[2]

1 以賽亞書9章6節；馬太福音28章19節；約翰福音14章6節。
2 約翰一書4章16節。

是的，神有能力。是的，神是良善的。是的，神是光。但最重要的是，神是愛。那是最真實的真理。

我可以用來闡明天父對我們的愛的最貼近譬喻，就是我對我三個孩子的愛。我的女兒還是個小女孩的時候，我就在她的耳邊簡短叮嚀說：「如果全世界的女孩排排站，而我只能選擇其中一個做我的女兒的話，我會選妳。」

蘇瑪很棒嗎？就和她老爸一樣棒。但即使是在她最不順遂的日子，我依舊會隨時在她身邊。為什麼？因為我是她的父親，她是我的女兒。我對兩個兒子也是如此。那是我在地上身為人父用有限的愛去愛孩子們的方式，但那完全無法與天父以無限的愛來愛我們相比擬。兩者根本不能類比！

在「人」的語言那一章，我指出「九型人格測試」有助我們更清楚地認識自己的人格類型。根據測試結果，我屬於第三型實踐型人格。九型人格中的每一類型都有其優缺點。我的缺點是，我很難理解上帝的愛不是由我的表現決定的。當然，如果那是由我的表現來決定，那祂愛不愛我不就取決於我了嗎？

神愛我們不是因為我們是誰。神愛我們是因為祂是誰。

當我們成功時，神說：「我愛你。」

當我們失敗時，神說：「我愛你。」

當我們懷疑時，神說：「我愛你。」

愛是上帝對一切的回答。為什麼？因為祂就是愛。你無法做任何事可以讓祂多愛你或少愛你一點。神的愛純全。祂永遠愛你。

陶恕牧師說：「當我們想到神時，腦海中浮現的是什麼事物，是對我們最重要的一件事。」如果我們心中首先浮現的不是愛，那麼我們對神的認知就有問題。聽仔細了：神的愛確實包含了管教的愛。我們可能當下不喜歡這些「嚴厲的話語」。但神永遠是為了我們的最佳利益，在為我們著想。

還記得我在英國那場特會中，被安排在坎特伯里總主教威爾比之後發表演講的事嗎？在他演講完之後，有人問他，在他看來，我們身為基督的追隨者所面臨的最大挑戰是什麼？總主教毫不遲疑地回答說：「我所遇到的每一個基督徒……都無法深信不疑他們是被神所愛的。」

無論你相不相信，神都愛你。

祂真的喜歡你。

其實，祂特別喜悅你。

那就是祂為什麼要對我們低聲密語。

我為什麼要如此費盡心力使你信服這個事實？因為我們很難相信神愛我們。這有一部分原因出在有許多人對神的真正本質提出了錯誤的解釋。對於那些對神有錯誤認知的人，我深感遺憾。請聽我說：這七種語言都是**愛的語言**！

神要我們聆聽祂說話，而且我們必須聽從祂的聲音。但不僅如此，神要我們聆聽祂的心。因此，神用越來越輕柔的微小聲音向我們說話，於是我們越來越貼近祂。到最後，我們靠近到一個地步，神用祂的臂膀將我們緊緊環抱在祂的懷中，說祂愛我們。

改變生命的十個字

瑪莉安．柏德（Mary Ann Bird）一九二八年出生於紐約的布魯克林。她因為罹患嚴重的唇顎裂動了十七次手術，但是心理的傷害遠甚於此。有些看似再簡單不過的事情，像是吹氣球或是喝飲水機的水，瑪麗安因為身體的殘疾無法做到。最糟糕的是，她遭到同學無情的嘲笑。[3]

瑪麗安有一邊耳朵也聽不見，所以年度聽力測驗成了她最討厭的日子。但在這些令她厭惡的日子中，出現了她人生中的轉捩點。現在學校已經不做這種聽力測驗了，所以讓我解說一下：進行測驗時，老師會把學生一一叫到她的桌前，要學生把一邊耳朵摀住，然後，老師會小聲唸出像是「天空是藍色的」或是「你穿了新鞋子」之類的句子。只要學生正確複誦，就算通過測驗。

為了逃避測驗不及格的難堪，瑪麗安想辦法作弊，她用手摀住聽不見的那隻耳朵，這樣一來，她就能聽見老師在說什麼。但是，在她遇見她最喜歡的老師——李奧娜德女士——之後，她就不必再這麼做了。

「我等她的這句話等好久了。」瑪麗安說：「一定是上帝把那些話放進她的口中，那十個字改變了我的生命。」李奧娜德女士並不是隨便說出一個句子，相反地，她將身體向前傾，越過桌子，盡可能地貼近瑪麗安那隻正常的耳朵，小聲說：「我希望妳是我的小女兒。」

天父現在也在向你說出類似的話。在你出生前，祂就已經悄聲向你說出這些話了。

上帝的銘印

奧地利生物學家康拉德．勞倫茲（Konrad Lorenz）獲頒一九七三年諾貝爾生理醫學獎，以表彰他在雁鵝行為上的傑出研究。他發現，幼鵝剛出生的頭幾天，會進行一個被稱為「銘印」的現象。在這個過程中，牠們會把要跟隨的「生母」（無論那是誰）銘印在腦中。如果這個母子關係無法形成，幼鵝就不知道自己要跟著誰。更糟的是，異常的銘印會導致幼鵝跟從錯誤的聲音。

跟幼鵝不一樣的是，嬰兒是被母親的聲音所銘印的。內耳是胎兒在母親子宮中第一個

3 這個故事被引用而且被錯誤引用，但我相信這是一個真實的故事，根據來自柏德女兒的確認電子郵件。

的發展出的感覺系統，並且在五個月大的時候發展完全。七個月大的胎兒可以認出母親的聲音，並且會用明確的肌肉動作來回應。令人驚異的是，母親聲音的感覺刺激和胎兒的動作反應之間，沒有任何時間延遲。而且相較於陌生人，母親的聲音對胎兒有更明顯的獨特影響力。簡而言之，母親的聲音印記留下了一種神經性指紋，銘印在胎兒的大腦裡。

我在本書一開始，就作了這個大膽宣告：我們在生活中遇到的那些情緒、關係、心理或靈性上的問題，其實都是我們的「聽力」出了問題。那是異常的銘印。我們的耳朵被從眾的聲音、批評的聲音和責難的聲音所蒙蔽，隨之而來的副作用便是孤寂、羞辱和焦慮。

那好消息是什麼呢？你是被神所銘印的。你不僅有祂的形象，你還知道祂的聲音。是神的聲音在母腹中塑造了你。你在世上尚未度過一日，神的聲音就命定了你一生的所有年月。是神的聲音開始了美好的工作，而且神的聲音也將完成這工作。[4]

不論你是否聽得出來，神都是你生命中出現的第一個聲音。

神是你生命中那個最響亮的聲音嗎？

那是個有待回答的問題。

而你的回答將決定你的命運！

4 詩篇139章13節和16節；腓立比書1章6節。

附錄

給個人與小組的問題討論

那在你們中間開始了美好工作的，到了基督耶穌的日子，必成全這工作。

——腓立比書1章6節

這篇問題討論，是伴隨本書內容而設計的，幫助你進一步思考馬克牧師所說的話，以及他對你提出的挑戰。你可以獨自省思，也可以和你的家人、朋友、教會團契、讀書小組在共讀後交流分享。如果你在過程中有任何疑問，歡迎和馬克牧師聯絡、交流。

◎推特：www.twitter.com/markbatterson

◎臉書：www.facebook.com/markbatterson

前言　托瑪迪斯效應

1. 馬克牧師寫道：「學習如何聆聽神的聲音，是解決許許多多疑難雜症的答案。」你現在面臨了哪些挑戰，而且期待上帝針對這些挑戰向你說話？
2. 你願意用〈撒母耳記上〉三章九節「耶和華啊！請說，僕人敬聽」來向神禱告嗎？

第1章　最大膽的禱告

1. 你認為神為什麼經常使用低聲密語向我們說話，而不是使用祂的外在巨大聲音？神的這種做法，對你而言有什麼意義？
2. 對你而言，聆聽神說話是容易或是困難的？請說明原因。
3. 聖靈曾督促你或感動你做一些看似瘋狂的事嗎？如果有的話，請舉例分享。
4. 你對於馬克牧師所說「你過著鬧哄哄的生活。你的日程表爆表」有何看法？
5.〈詩篇〉四十六篇十節說：「要安靜，要知道我是上帝。」在你的屬靈歷程中，「安靜」扮演著什麼樣的角色？
6. 如果神要你現在就做一個大膽的禱告，那會是什麼？

第2章　神的聲音

1. 馬克牧師寫道：「神發現了一個地方，祂站在外面向內張望，那裡就是你的心門。如果你想要聽見神的聲音，你必須回應祂的叩門聲。」你會不願意向神敞開心門，讓祂進到你的生命中嗎？
2. 你如何知道神是因為「你之所以是你」而愛你？請列舉一些具體的例子。

3. 你會如何形容神向你說話時所使用的方言？
4. 你曾有這樣的經驗嗎，就是你不想聽神用祂的微小聲音向你說話，因為你害怕聽到祂可能要說的話？為什麼把神的低聲密語淹沒在我們的生活中，並非明智之舉？
5. 神的無所不在是如何影響著你的日常活動？請舉例說明。
6. 你有沒有在哪些生活層面上不相信神夠大，大到能夠幫助你？

第3章　聆聽神的「密語之所」

1. 你還記得在你的生命中，那些神「行事奇妙，無法預料」的時刻嗎？
2. 情緒在你的屬靈生活中，扮演著什麼樣的角色？
3. 當耶穌不厭其煩地說：「有耳的，就應當聽。」時，祂的意思是什麼？
4. 馬克牧師提到了一些他自己的密語之所，他在這些地方可以更清楚地聽到神的聲音。你有自己的密語之所嗎？如果沒有，你可以怎麼做來找到它？
5. 你有自己獨特的敬拜方式或與神交流的方式嗎？
6. 馬克牧師寫道：「改變習慣＋改變地方＝改變觀點。」依循這個建議，可以提供你一個新的機會來聆聽神的低聲密語嗎？

第4章　神透過徵兆來說話

1. 你如何透過各種不同的方式，經歷到神向你說話？
2. 「我們不只用耳朵聽。我們還用眼睛和心來聆聽。」你認為馬克牧師寫這段話的意思是什麼？
3. 為什麼分辨我們所聽見的神的聲音如此重要？
4. 對於馬克牧師的這個觀點：「聖經是我們的指導方針，但聖靈才是我們的引導者。」你會如何解釋？
5. 舉例說明什麼是「二手靈性」或是「靈性共依附」？

第5章　聖經——最關鍵的鑰匙

1. 身為基督徒，為什麼接受「聖經是神所默示的」這一點至關重要？
2. 「當真理被獻祭在寬容的祭壇上，表面上每個人似乎都是贏家，實際上，每個人都是輸家。」對於馬克牧師的這個觀點，你有什麼看法或親身經歷？
3. 著名的牧師暨作家司布真許多年前寫道：「書頁脫落的聖經，通常有個人生不脫落的主人。」為什麼這句話在今天依舊適用？

4. 為什麼你在研讀聖經時，讓聖靈參與如此重要？
5. 你還記得你曾經歷了哪些聖靈的甦醒工作？
6. 有哪些實用的方式可以幫助你遵行神的話？

第6章　渴望——讓你真正感到喜樂的聲音

1. 關於渴望，路益師曾如此寫道：「神發現我們不是欲望太強，而是太過薄弱。」你有相關的經歷嗎？請說明一下。
2. 你的心中有哪些渴望呢？
3. 你在哪些生活層面上，是更多回應別人的期望，而不是你自己的渴望？
4. 你認為你已經找到了自己的天賦和渴望兩者交集的「甜蜜交會點」了嗎？
5. 神如何透過你的情緒向你說話？
6. 你在哪些生活層面上變得太過制式化，因而限制了神所賜給你的渴望和自由？

第7章　門——神打開的門與關上的門

1. 你認為為什麼神的標準作業流程，可能是我們在做出決定或採取行動之後，祂才給我們徵兆作為確據？

2. 為什麼分辨神的旨意不僅是遵行神的旨意而已，還有更多？

3. 根據你的經驗，當神的平安在你的心裡做主時，你是怎麼知道的？

4. 要分辨神的旨意，馬克牧師提出了五種測試法：雞皮疙瘩測試法、平安測試法、明智忠告測試法、瘋狂測試法、卸下現職並蒙召去新職測試法。這幾個方法當中，哪一個對你最有效？

5. 馬克牧師說「信心是願意讓自己看起來愚不可及」，對此你怎麼看？

6. 以你自己的經驗為例，分享神如何透過開門和關門來帶領我們。

第8章　夢——異夢與異象

1. 你如何回應「我們的夢想大小，確實反映出了我們的神的大小」這個觀點？

2. 在你禱告時，聖靈曾賜給你心智電影嗎？你是如何回應的？

3. 你可以怎麼做來增強對神的渴慕？

4. 你記得神曾透過夢境或夢想向你說話嗎？如果有，請舉例說明。

5. 神賜給你的宏大夢想是什麼？你仍然期盼它們終會實現嗎？

第9章　人——留意身邊的「穩藏人物」

1. 哪些人是你的人類版彈珠台，他們的出現阻止了你陷於孤獨的自負或自我設限中？
2. 同樣地，你可以成為哪些人的雲彩般見證人之一，換言之，你可以激勵他們、對他們產生正面影響力？
3. 我們都把部分的自己隱藏在偽裝的外表之下。你可能隱藏了哪些生活面向是神想要醫治你，讓你過上更釋放、更自由的生活？
4. 有誰獲得了你的允許，可以用愛心指出你的盲點？你有這樣的人選嗎？反之，你能夠成為別人所信賴的那個人嗎？
5. 你能夠自在地運用你的屬靈恩賜，還是有點勉強？為什麼？
6. 你會將自己視為先知嗎（或者，至少是一個在訓練中的先知）？無論是或不是，都請說明原因。

第10章　聖靈的督促——抓住對的時機

1. 馬克牧師引用了一句古老的格言：「時機就是一切。」你可以回想一件或二件你恰好在對的時間出現在對的地方的經歷嗎？你看見了神伸手在其中嗎？

2. 在你的人生中，曾經歷哪些（持久且穩定的）特別關鍵時刻？它們對你產生了什麼樣的影響？
3. 你經歷過聖靈的瘋狂督促或感動嗎？你能夠回應嗎？結果如何？
4. 你如何把神的微小聲音調得大聲一點？
5. 你最近所感知到的神的輕推或督促是什麼？
6. 神曾經「為了艾爾默的緣故」，成就了發生在馬克牧師身上的事情。你有過這樣的經驗嗎？那為你帶來了什麼？

第11章　痛苦——藉著悲傷與絕望所傳達的事

1. 你人生中的困難經歷如何吸引你的全部注意力？
2. 你從人生的苦難中學會了哪些事情？
3. 你的苦難如何被神使用來幫助受苦中的人？
4. 你曾經歷過「靈魂的暗夜」嗎？在那些時刻，你覺得神似乎離你非常遙遠。如果有，你從這個經歷中學會了什麼事？
5. 在面對痛苦或苦難時，為什麼敬拜是一種健康的靈性回應？
6. 在你的生命中，有什麼事情是要安居於對神與神蹟的盼望中，而不是放棄？

結語　聽力測驗

1. 馬克牧師寫道：「神愛我們不是因為我們是誰。神愛我們是因為祂是誰。」請以你自己的話來解釋神的愛對你有什麼意義。
2. 你是「被神所銘印」的事實，對你有什麼意義？這個真理如何改變你的生命？
3. 本書是關於神用許多不同的方式向我們低聲密語。別忘了，祂之所以向我們輕聲說話，是為了吸引你更靠近祂。神在今天如何向你低聲密語？

國家圖書館出版品預行編目資料

神啊！讓我聽見祢：與神連線的七種密語 / 馬克.貝特森(Mark Batterson)著；劉卉立譯. -- 初版. -- 臺北市：啟示出版：家庭傳媒城邦分公司發行, 2020.09
面；　公分. -- (Soul系列；56)

ISBN 978-986-99286-1-8 (平裝)

1.基督徒　2.靈修

244.93　　109011634

Soul系列056

神啊！讓我聽見祢：與神連線的七種密語

作　　者／馬克・貝特森 Mark Batterson
譯　　者／劉卉立
企畫選書人／李詠璇
總　編　輯／彭之琬
責 任 編 輯／李詠璇

版　　權／黃淑敏、翁靜如、邱珮芸
行 銷 業 務／周佑潔、賴晏汝、華華
總　經　理／彭之琬
事業群總經理／黃淑貞
發　行　人／何飛鵬
法 律 顧 問／元禾法律事務所王子文律師
出　　版／啟示出版
臺北市104民生東路二段141號9樓
電話：(02) 25007008　傳真：(02)25007759
E-mail:bwp.service@cite.com.tw
發　　行／英屬蓋曼群島商家庭傳媒股份有限公司城邦分公司
台北市中山區民生東路二段141號2樓
書虫客服服務專線：02-25007718；25007719
服務時間：週一至週五上午09:30-12:00；下午13:30-17:00
24小時傳真專線：02-25001990；25001991
劃撥帳號：19863813；戶名：書虫股份有限公司
讀者服務信箱：service@readingclub.com.tw
城邦讀書花園：www.cite.com.tw
香港發行所／城邦（香港）出版集團
香港灣仔駱克道193號東超商業中心1F　E-mail: hkcite@biznetvigator.com
電話：(852) 25086231　傳真：(852) 25789337
馬新發行所／城邦（馬新）出版集團【Cite (M) Sdn Bhd】
41, Jalan Radin Anum, Bandar Baru Sri Petaling, 57000 Kuala Lumpur, Malaysia.
電話：(603) 90578822　傳真：(603) 90576622
Email: cite@cite.com.my

封 面 設 計／李東記
排　　版／極翔企業有限公司
印　　刷／韋懋實業有限公司

■2020年9月3 日初版
■2023年5月22日初版 2.5 刷

Printed in Taiwan

定價360元

城邦讀書花園
www.cite.com.tw

 ISBN 978-986-99286-1-8